Pessoas & Negócios

Pedro Ramos

Pessoas & Negócios

Mobilizar para a obtenção de Resultados

ACTUAL

TÍTULO
Pessoas e Negócios. Mobilizar para a obtenção de Resultados

AUTOR
Pedro Ramos

REVISÃO
Inês Castelhano

CONJUNTURA ACTUAL EDITORA
Sede: Rua Fernandes Tomás, 76-80, 3000-167 Coimbra
Delegação: Avenida Engenheiro Arantes e Oliveira, 11 – 3.º C – 1900-221 Lisboa – Portugal
www.actualeditora.pt

CAPA
FBA

PAGINAÇÃO
Aresta Criativa – Artes Gráficas

IMPRESSÃO E ACABAMENTO
DPS - DIGITAL PRINTING SERVICES, LDA
Outubro, 2019
(1.ª Edição: Maio, 2019)

DEPÓSITO LEGAL
456614/19

ACTUAL | GRUPOALMEDINA

Biblioteca Nacional de Portugal – Catalogação na Publicação

RAMOS, Pedro

Pessoas e negócios: mobilizar para a obtenção
de resultados. – (Fora de coleção)
ISBN 978-989-694-385-1

CDU 005

Não dedico este livro à minha família, pois essa faz mesmo parte desta obra, tal como faz parte de mim!

A sua energia positiva, a sua inspiração e o seu estímulo constantes para me ajudarem a fazer mais e melhor estão presentes em cada uma das próximas páginas.

Dedico, sim, a tod@s os que, tal como eu, gostando de pessoas, acreditam que só com as pessoas se atingem melhores resultados.

Boas leituras!

Pedro Ramos

Índice

1

Pessoas & Negócios:
porque estamos aqui?

[Ou será uma introdução?]

Assentando numa nova estratégia de TRANSFORMAÇÃO das empresas, num paradigma transformacional da gestão das PESSOAS, em que só um capital humano altamente qualificado, possuidor de *know-how*, formado, motivado, disponível, com atitude positiva, sentimento de pertença, em estreita comunhão com a missão, visão, princípios e valores (e, já agora, propósito), é que se pode garantir o sucesso empresarial e reputação da empresa.

Neste sentido, a transformação pretendida, e necessária às nossas empresas, assente em linhas programáticas de envolvimento e compromisso organizacionais — associada à consolidação de processos de liderança e relacionais internos — visa obter uma prática continuada de toda a cadeia hierárquica de gestão, promovendo o desenvolvimento de todos os colaboradores e apoio na concretização dos objetivos individuais e corporativos previamente estabelecidos, a que se soma a maximização dos efeitos imediatos e visíveis da assunção de compromissos decorrentes da política de responsabilidade social da empresa no seu relacionamento com todas as partes interessadas.

O papel de uma Direção de Recursos Humanos (ou de Gestão de Pessoas, como agora gostamos de designar) na construção de pontes de entendimento ao nível do exercício da sua atividade com as diferentes partes interessadas, culminando na adoção de uma visão holística para toda a empresa — DINÂMICA DE ENERGIZAÇÃO COLETIVA —, torna-se natural a motivação dos colaboradores, criando janelas de oportunidade derivadas de boas práticas de PARTILHA, COMPROMISSO e INOVAÇÃO, traduzindo-se em resultados de excelência e de elevado compromisso com os clientes.

Desta forma, PESSOAS & NEGÓCIOS andam, cada vez mais, de mãos dadas nas nossas empresas, sendo quase impossível dissociar estes dois conceitos.

Deixem-me, pois, partilhar alguns segredos na nobre missão de gerir pessoas em contextos empresariais onde cada vez mais «PESSOAS & NEGÓCIOS» se assumem como duas faces de uma mesma moeda. Ou seja, onde a consciência de que a concretização de objetivos depende, em grande medida, da forma como as pessoas se mobilizam, se vinculam, se comprometem, se excedem, de forma permanente, em busca de atitudes e comportamentos orientados para a excelência e a superação constantes.

Os resultados obtidos são diretamente proporcionais ao grau de envolvimento das pessoas na sua obtenção. Esta minha afirmação não é o resultado de nenhum estudo científico, algum tipo de equipamento de medida tipo «envolvómetro», mas sim fruto de experiências múltiplas de diversas empresas de vários setores e variados enquadramentos e dimensões.

O envolvimento, o comprometimento (vá lá, utilizemos a palavra que os GRH gostam mais, o *engagement*) das nossas pessoas é a chave para o sucesso das nossas empresas. Não na perspetiva de as pessoas serem o «mal necessário» nessa obtenção, mas sobretudo na de as nossas pessoas serem, de facto, o BEM NECESSÁRIO na obtenção de sucessos, sempre MAIORES, sempre mais SÓLIDOS e de níveis mais ELEVADOS em termos de complexidade.

Estou concretamente a referir-me a um processo de grande simplicidade, mas de grande importância no quadro das nossas empresas face aos vários contextos desafiadores: transformar as nossas pessoas em verdadeiros fãs dos nossos negócios e das nossas empresas.

Este alinhamento, este total envolvimento, esta relação estreita entre Pessoas & Negócios, não se alcançam devido à parte mais básica deste processo: muitas vezes as nossas pessoas não conhecem, não «percebem» o negócio das suas empresas. Pode acreditar! Muitas vezes as nossas pessoas até sabem bem quem são os clientes, as necessidades que importa satisfazer, conhecem a estrutura da organização (quem é quem), mas não fazem ideia da importância da sua ação individual e coletiva (em grupo e nas várias equipas) enquanto AGENTES DE NEGÓCIO das suas empresas.

Explicar, de forma simples, o negócio da empresa (e o papel de cada um enquanto agente ativo nesse mesmo negócio) é a base para obter a plena adesão das pessoas na concretização dos objetivos comuns.

Só compreendendo o negócio da sua empresa, só sabendo o que cada um, com a sua individualidade, pode acrescentar ao negócio da sua empresa, as pessoas se ligam às outras pessoas com a atitude correta para, em conjunto, acrescentarem valor aos processos, às ações, às necessidades e expectativas dos clientes, e, bem assim, fazer florescer e perpetuar o negócio da empresa.

As empresas sem pessoas não fazem sentido! Ligar pessoas a pessoas é urgente! Ligar estas pessoas aos negócios é determinante, é essencial, mandatório na concretização dos RESULTADOS.

No fim do dia, as pessoas são essenciais para que as EMPRESAS existam e prosperem.

Gosto muito de pessoas, mas é fantástico ver como com essas pessoas se atingem RESULTADOS.

Este é o grande desafio desta obra!

(Afinal era mesmo uma introdução!)

2

Reinventar as empresas e os negócios

Para um novo modelo de gestão das pessoas

[Mais do mesmo? Afinal qual o estado da arte?]

Nas últimas décadas têm-se verificado alterações significativas no mundo do trabalho, com repercussões nos contextos profissionais em que se vive e trabalha. As organizações dos dias de hoje atuam num meio cada vez mais competitivo, exigindo cada vez mais dos colaboradores — maiores níveis de qualificação profissional, maior disponibilidade, flexibilidade e volume de trabalho, maior inovação e atualização dos processos, maior comprometimento com a organização, entre outros fatores.

Estas mudanças, ocorridas na envolvente dos negócios, catapultadas pela exponencial concorrência global e associadas às pressões para aumentar a qualidade dos serviços com enfoque na redução dos custos, estão na génese das respostas organizacionais focalizadas na horizontalização e flexibilização (e até reconfiguração) das estruturas organizacionais e na adoção de novas formas de gestão das pessoas enfocadas no novo papel das próprias pessoas como agentes ativos nestes processos de mudança.

Na mesma linha de orientação, e porque o contexto em que as organizações vivem e sobrevivem é atualmente um cenário globalizado e de mudanças velozes, os vínculos laborais que as empresas estabelecem com os colaboradores pautam-se pela insegurança e instabilidade. Um dos grandes desafios que hoje se coloca às organizações é a capacidade de gerir o capital humano, mantendo-o motivado e desenvolvendo-o continuamente. As organizações têm uma crescente necessidade de proporcionar ambientes de trabalho estimulantes, relações profissionais baseadas em confiança e, sobretudo, capacidade de reter os colaboradores mais talentosos, nomeadamente através do aumento da sua satisfação e produtividade, e da atribuição de diversos benefícios sociais.

Uma organização é um sistema aberto no qual interagem vários *stakeholders* ou partes interessadas: os fornecedores, os clientes, os próprios colaboradores, entre outros. Cada departamento ou área da organização contribui, através de múltiplos processos, para a criação do resultado, de acordo com os objetivos da organização. O processo de negócio ou processo organizacional é, assim, o conjunto de atividades inerentes à estrutura organizacional e que permitem a criação de valor.

A vantagem competitiva das organizações pode ser entendida como o nível de *performance* superior de uma organização em comparação com as suas concorrentes. A vantagem competitiva de uma organização consubstancia-se geralmente numa competência central do negócio, única, sustentável e de difícil imitação. Ao operacionalizar esta noção de vantagem competitiva podem referir-se características das organizações, tais como: o foco no cliente e em acrescentar-lhe valor; a qualidade superior no produto ou serviço produzido; o alto valor da marca e a sua reputação positiva junto dos clientes; as técnicas de produção com baixos custos; ou a equipa de gestores e colaboradores tecnicamente superiores. Assistimos, pois, à materialização de novos momentos, formas e processos de aquisição de novas competências e a um discurso ativo assente em perfis de competências em detrimento do discurso tradicional de «perfis de funções».

Da mesma forma, as empresas passaram a assentar as suas políticas de gestão dos recursos humanos em modelos de competências, e a organizar e focalizar a sua ação em planos de gestão das e por competências.

Ao definir as políticas de recursos humanos é importante que os gestores não esqueçam que, para atingir resultados através das pessoas, é necessário atraí-las e investir nelas. Torna-se necessário desenvolver ferramentas consistentes, integradas e objetivas, para gerir eficazmente o capital humano de uma organização — desde a contratação com definição correta do perfil que se deseja contratar, até à retenção deste capital e, posteriormente, ao desenvolvimento destas pessoas.

As organizações que procuram inovação, desenvolvimento e aprendizagem, que consideram as pessoas como uma peça fundamental na sua estratégia para alcançar os resultados, estarão mais bem preparadas para o desenvolvimento de novas competências. Através do desenvolvimento de modelos baseados em competências, os gestores de capital humano vão conseguir perceber e antever a necessidade de desenvolvimento.

Neste sentido, os modelos de gestão de *performance* baseados em competências e objetivos surgem como uma alternativa aos modelos mais tradicionais de gestão. Trata-se de um paradigma moderno, cujo foco assenta em três grandes conceitos fundamentais — o negócio da organização, o mercado e envolvente, e o desenvolvimento profissional permanente dos colaboradores. Um modelo de gestão por competências e objetivos permitirá fazer uma gestão dos desempenhos de uma forma estruturada e contínua, mais objetiva e mais abrangente.

Trata-se de programas integrados de gestão do capital humano, com definição de perfis funcionais capazes de abranger as especificidades de todas as funções da organização. Esta definição de perfis é elaborada com base numa maior produtividade e adequação ao negócio, isto é, numa lógica de identificação de pontos fortes e pontos a melhorar, destrinçando-se a excelência da limitação no desempenho global dos colaboradores. As empresas pretendem, desta forma, suprir lacunas e acrescentar valor, através do desenvolvimento de competências e tendo por base critérios mensuráveis e objetivos.

Assim, tendo em vista alimentar este sistema, torna-se essencial perceber *a priori* quais os objetivos organizacionais críticos para o seu sucesso e, posteriormente, transformá-los e decompô-los em competências-chave para a organização, para que seja possível desenvolver e envolver os colaboradores. Deste modo, o conceito de competência engloba os conhecimentos teóricos, as habilidades (conhecimento prático) e ainda as atitudes (comportamentos) que estão na base dos desempenhos da organização.

Desta forma, a gestão por competências e objetivos na empresa consiste numa ação direcionada para a aproximação permanente das competências existentes na organização às que são necessárias para o alcance dos objetivos definidos, como veremos adiante. Consiste em estimular e orientar os profissionais para que aproximem aquilo que são capazes de fazer àquilo que a organização espera que façam. Num primeiro momento, identifica-se o *gap*, ou oportunidade de melhoria, a desenvolver, para seguidamente o gerir com vista à sua superação.

Através destes modelos integrados de gestão das pessoas e do capital humano, passa a ser possível às empresas orientar esforços no sentido de delinear, captar, desenvolver e avaliar as competências necessárias para que a organização consiga alcançar os objetivos. Englobam e alinham-se, desta forma, vários níveis dentro de uma organização, trabalhando-se as competências ao nível individual (do colaborador), ao nível grupal (departamentos e direções) e ainda ao nível organizacional, mais macro, da empresa.

A empresa perceciona como principais vantagens para os seus colaboradores o facto de se gerir formalmente o desempenho, ao longo do tempo, de uma forma contínua e continuada, através de um acompanhamento e *feedback* constantes ao longo do ano. Os colaboradores podem, assim, assumir um papel pró-ativo no seu desenvolvimento profissional, através da comparação entre o seu desempenho e aquilo que deveria ser um desempenho de excelência para a função.

Através deste modelo é possível perceber os *gaps*, ou oportunidades de melhoria dos colaboradores, permitindo operacionalizar e gerir o levantamento e diagnóstico das necessidades de formação e desenvolvimento, bem como propor as soluções formativas adequadas. Ou seja, é com base no *output* da gestão por competências — em que se compara o nível ideal, para cada competência, com o nível desejável — que se perceberá quais são as competências a desenvolver.

Em resultado, cada colaborador saber exatamente o que se espera dele, em termos de perfil de competências da sua função, com vista à otimização do seu desempenho, bem como o contributo que este pode e deve ter no sucesso de toda a organização.

3

Gerir pessoas não foi sempre assim!

[A gestão de pessoas ao longo dos tempos…
Vá lá… é só um pouco de História!]

Naturalmente, para podermos compreender onde estamos hoje — e para onde queremos ir —, em termos do estado da arte da gestão das pessoas nas nossas empresas e organizações, importa primeiro perceber como tudo começou e evoluiu no que respeita ao entendimento do papel das pessoas nos seus vários contextos de trabalho.

No fundo, uma breve pincelada sobre a história da evolução da gestão das pessoas, que também é uma parte relevante da história da evolução do emprego e das relações laborais relacionada com os contextos económicos e sociais.

Podemos, pois, em termos muito gerais, definir esse percurso em cinco grandes etapas ou fases da evolução histórica da relação Homem/trabalho:

Fase 1
O Homem como parte da máquina

Começamos esta resenha histórica remontando aos tempos da primeira revolução industrial, onde tudo começou. Nestes tempos, bem longe da nossa atual realidade e daquilo que hoje poderíamos apelidar simpaticamente de

«Revolução Industrial 1.0», uma espécie de pré-história das relações de trabalho, as pessoas/trabalhadores não eram mais do que parte das máquinas nas quais operavam.

Os trabalhadores eram importantes para o estrito desempenho da sua função operativa e existiam nas empresas exatamente para serem operadores desses mesmos equipamentos. Uma espécie de relação dual homem/máquina infalível, sendo que um não poderia viver sem o outro.

O foco da estrutura da organização era de controlo absoluto sobre as máquinas e os seus operadores — as pessoas. Operador e equipamento tinham quase uma relação de cumplicidade, sendo claramente um uma extensão do outro.

Os trabalhadores não eram geridos, mas sim controlados, sendo avaliados pelos níveis de produção e execução das tarefas operativas.

Fase 2
O Homem como membro da comunidade do pessoal necessário para o serviço e ao serviço

Mais tarde este conceito evoluiu.

As grandes linhas de produção foram dando lugar a lógicas de mão-de--obra intensiva. Aliás, este conceito de mão-de-obra nasce nestes contextos. Grandes empresas de produção e reparação, por exemplo, tornaram-se grandes empregadores e passaram a necessitar de criar áreas específicas (secções administrativas) que se dedicavam à concentração de tudo o que tinha que ver com o pessoal necessário para que as empresas tivessem a mão-de-obra necessária à execução de todas as tarefas.

Nasceram assim as secções de pessoal, que se dedicavam sobretudo às tarefas de contratar, pagar salários e despedir trabalhadores, garantindo ações específicas relacionadas com a necessidade de alimentar as várias áreas da empresa do pessoal necessário à concretização das tarefas.

Estávamos em meados do século xx e ainda nos recordamos das imagens de entrada e saída ao toque de sonoras sirenes de enormes grupos de trabalhadores que saíam e entravam da empresa ao mesmo tempo, esperando-se que todos tivessem elevados padrões de profissionalismo associados aos aspetos de conduta profissional e qualidade de execução técnica das tarefas para que estavam qualificados.

As pessoas eram, então, vistas como membros de comunidades de pessoal que estavam ao serviço de determinada empresa ou organização.

Como pessoal tinham determinados direitos, mas sobretudo um conjunto vasto de deveres perante a entidade empregadora, deveres estes que eram cuidadosa e dedicadamente geridos e avaliados pelos superiores.

Fase 3
O Homem como recurso humano que, como outros recursos (financeiros, materiais, etc.), tinha de ser gerido

Algumas décadas mais tarde, eis que chega uma nova visão sobre o papel das pessoas nas empresas e organizações.

Esta visão — que nasce já no último quarto do século xx, e que em muitas realidades e organizações ainda prevalece — passa por rotular as pessoas nas empresas com o pomposo nome de «recursos humanos», sendo, face às anteriores etapas, uma clara inovação em termos do posicionamento que os trabalhadores passariam a ter nos contextos de trabalho.

As velhas direções e secções de pessoal deram lugar às modernas direções de recursos humanos. Ocupavam-se de renovados processos de recrutamento, seleção, contratação, processamento salarial e gestão administrativa, formação profissional e avaliação de desempenho destes mesmos recursos humanos.

Esta nova perspetiva pretendia igualar — pela sua nova importância — os recursos humanos a outros recursos, tais como: os financeiros, os materiais, entre outros essenciais à concretização dos objetivos de produção e de serviço e, consequentemente, para os resultados da empresa.

À semelhança dos restantes recursos da empresa — cada vez mais escassos —, também os recursos humanos tinham de ser bem geridos e otimizados. Por isso mesmo, nesta fase, os processos de formação e qualificação profissional, numa perspetiva de polivalência funcional e organizacional, passaram a assumir uma especial acuidade em termos das preocupações dos novos responsáveis pela gestão de recursos humanos nas empresas.

As pessoas eram, pois, recursos humanos!

Fase 4
O Homem como «colaborador parceiro do negócio» (*stakeholder* da empresa)

Eis que novas teorias de organização e gestão surgiram e foram apropriadas por grande parte das empresas impulsionadas pela necessidade de estas conseguirem agregar à sua volta um grande e complexo universo de outras entidades das quais dependiam e faziam depender as suas ações e resultados.

Estou concretamente a referir-me às novas perspetivas organizacionais assentes em dinâmicas de análise de *stakeholders* (em português, apesar de não ser muito usada, passou a ser consensual a expressão «partes interessadas»). As empresas passaram a assumir que existe um conjunto de *stakeholders* internos e externos e que se constituem verdadeiros «parceiros do negócio», sem os quais não é possível a obtenção dos resultados do próprio negócio.

Deste conjunto de *stakeholders* estão os clássicos: fornecedores, clientes, entidades públicas e privadas relacionadas com a atividade da empresa, sindicatos e outras organizações representativas dos trabalhadores, acionistas, entidades locais, outras externas e... os colaboradores da empresa!

Não querendo discutir aqui os conceitos (semelhanças e diferenças ou corretas e incorretas utilizações dos mesmos), a verdade é que é neste contexto que nasce a ideia associada às pessoas como «colaboradores» (e não trabalhadores) ativos nas empresas, dado que a sua colaboração e envolvimento ativos farão com que sejam atingidos objetivos de vários níveis e, no fim de tudo, a obtenção de mais e melhores resultados.

(Antes que emerja aqui uma discussão entre «legalistas» e «gestionários», que não se pretende. Obviamente que todos sabemos que o termo «colaborador» tem a sua origem numa perspetiva meramente económica e que o termo «trabalhador» é o único que está consagrado na legislação laboral e respeita à vinculação legal e contratual de uma pessoa a uma empresa. Feitas as ressalvas, continuemos a descrição histórica.)

A verdade é que, com esta nova lógica de entendimento do papel das pessoas nas empresas e organizações, finalmente se dá a transformação de uma dimensão e papel passivo face à organização e ao negócio, para um novo (renovado) papel totalmente ativo das pessoas e um salto substantivo a nível da intervenção que estas passaram a ter, na perspetiva da gestão, no atingimento de resultados e no sucesso do próprio negócio da empresa.

Finalmente, passámos a ter pessoas entendidas como «pessoas» nas empresas. Pessoas com pensamento e capacidade de utilizar o seu racional individual ao serviço da empresa, bem como vontade própria — individual ou coletiva — no que respeita à sua direta intervenção junto das restantes parte interessadas da organização.

Para que isso fosse plenamente atingido, passou a ser muito importante a criação de ambientes de trabalho que facilitassem a comunicação (como os célebres *open-spaces*) e a colaboração, a adoção de práticas e políticas de gestão destas pessoas que promovessem a motivação dos colaboradores, práticas de envolvimento dos colaboradores em ações de voluntariado e responsabilidade social corporativa, e ainda formas de poderem ser ouvidos e reconhecidos pelas suas ideias e ações exemplares junto da gestão de topo e de toda a organização.

A verdade é que foi neste quadro que nasceu uma nova relação direta entre pessoas e desenvolvimento dos negócios das empresas. Passou a haver uma espécie de vinculação entre os colaboradores cujas ações e desempenho e potencial estavam completamente relacionados com os resultados e o crescimento ou ampliação do negócio da empresa.

E hoje, onde estamos?

Fase 5
O Homem como pessoa única, para o bem ou para o mal. Faz parte do próprio negócio, pois é agente do negócio

Estamos a viver o momento 4.0 da história da Humanidade. A revolução digital em curso trouxe novos desafios impulsionados pela cada vez maior importância dos sistemas e modelos de inteligência artificial e criativa que estão a inundar o mundo, as sociedades, as nossas empresas... e que vêm impactar fortemente todo o nosso (novo) MUNDO CORPORATIVO!

Faz, desta forma, todo o sentido de uma nova gestão de pessoas 4.0.

É tempo de abandonar velhas e obsoletas técnicas e metodologias de gestão das pessoas, associadas a processos rotineiros e que em nada agregam valor no quadro de um mundo cada vez mais VICA (volátil, incerto, complexo e ambíguo), onde Pessoas & Negócios terão de construir caminhos conjuntos com vista à permanente antecipação de cenários, à constante construção de novas soluções criativas de abordagem aos mercados e aos clientes e a uma total dedicação a práticas iterativas que potenciam uma visão experiencial de excelência para todos os intervenientes.

Hoje as empresas estão profundamente empenhadas e focadas na chamada sustentabilidade do negócio.

O negócio é «rei», até porque passou a ser a ser impossível, devido aos contextos económicos, sociais e políticos de uma sociedade VICA, efetuar planeamentos de longo prazo, e o sucesso do negócio depende sobretudo da capacidade de flexibilidade, de gestão das ambiguidades e de jogar na antecipação, na criatividade e na capacidade de todos e de cada um se reinventar.

Ora, este é o terreno fértil para emergir uma nova visão sobre o papel das pessoas nas empresas. Estas passaram a valer pelo seu *know-how*, competências críticas detidas, mas sobretudo pela capacidade de modificar os seus comportamentos e adotar as atitudes certas em linha com o próprio desenvolvimento do negócio. «Pessoas únicas» é cada vez mais o lema dos atuais contextos, sendo que com a sua criatividade, talento e automotivação, poderão garantir a tal ansiada sustentabilidade do negócio.

Eu diria mais: esta dualidade entre as pessoas e o próprio negócio é tão forte, que em muitos casos o sucesso do negócio só é obtido através da assunção de que as «pessoas são parte do próprio negócio». Fazem mesmo parte do negócio! Elas são, para o bem ou para o mal, uma espécie de autores do próprio negócio e assumidos agentes do negócio!

Desta forma, deixou de haver uma área específica de gestão de pessoas na empresa. Assiste-se a uma descentralização desta função, dado que as lideranças da empresa são os verdadeiros gestores de pessoas na empresa. A função RH é muitas vezes distribuída pelas várias áreas das empresas, materializada por *HR business partners*, mas são sobretudo os vários líderes que integram, nas suas lógicas de liderança, este importante papel de mobilizador dos vários agentes internos do negócio da empresa.

Desta forma, as empresas promovem modelos interativos e cada vez mais *mobile* que estimulem e alimentem a necessidade de informação, conhecimento, qualificação e reconhecimento destes novos agentes do negócio.

Os agentes de negócio necessitam de estar completamente alinhados com todos os processos de negócio, daí que haja uma cada vez maior necessidade de todos conhecerem bem os processos relacionados com o negócio da sua empresa. Isto faz parte do tal sucesso e sustentabilidade do negócio.

Aprender, desenvolver, errar, agilizar, criar mobilizar e reconhecer são hoje mais do que palavras de ordem, são os segredos mais bem guardados das empresas!

(E por falar em segredos… ainda se diz por aí que «o segredo é a alma do negócio»?)

4

A alma do segredo dos negócios

[Afinal ainda há segredos por revelar...]

«O segredo é a alma do negócio» é um dos provérbios populares mais utilizados relacionados com o que realmente poderá fazer a diferença entre o insucesso e o sucesso das empresas.

Ao longo dos anos, muitos têm sido os segredos do negócio que têm sido partilhados por vários líderes de topo das empresas e organizações. Quase todos têm envolvido a importância das pessoas nas empresas.

Mas o que concretamente, através das pessoas e com estas, pode fazer a diferença?

O propósito é a alma do negócio!

Julgo que negócios com alma são geridos e vividos com um sentido de propósito, compartilhado por todos, conducente ao sucesso.

Trago-vos uma ideia de propósito que ultrapassa a simples definição de missão, visão e valores de uma empresa ou organização. É um conceito intangível, concentrando todos estes com a clara integração e envolvimento de outros interlocutores que estão para além das portas da própria empresa.

O conceito de propósito envolve um conjunto de valores compartilhados por todos na organização, numa lógica de compromissos internos e externos que incorporam palavras tão significativas nesta equação como: envolvimento, compromisso, aceitação, participação plena, resiliência, desejo de fazer melhor e paixão pelos resultados compartilhados.

O propósito é primeiro das pessoas e depois das próprias empresas

O sentido de propósito alinha, integra e estimula os colaboradores em torno dos verdadeiros significados dos conteúdos funcionais, atrai e retém talentos e competências críticas para a organização, proporciona uma visão alargada da ação da empresa para forma da mesma e, em consequência, é responsável pelo estímulo e incremento da reputação e do sentido de orgulho e pertença em relação ao negócio e à empresa.

Além disso, o propósito é um guião de condutas e comportamentos ajustados às necessidades de todos e de cada um, promove a melhoria dos processos e o desejo de fazer mais e melhor, e é um direto responsável pela consolidação dos processos de desenvolvimento e aprendizagem organizacionais.

O propósito tem um forte impacto nos negócios, por isso, é um tema central de preocupação para os líderes e para os gestores de pessoas que começam a equacionar estratégias de recrutamento e retenção, modos de gerir os desempenhos e *performances*, e, sobretudo, práticas de reconhecimento e recompensas, em estreito alinhamento com o propósito da organização.

O propósito é, pois, o novo segredo do negócio da empresa!

Esta nova ALMA do negócio pode bem ser algo intangível e do domínio do conceptual, mas fortemente impactante no quadro do envolvimento, mobilização das pessoas nas empresas. Um autêntico «conversor» entre a estratégia organizacional e as diversas políticas e práticas de gestão das pessoas nos contextos da transformação, inovação e gestão da mudança organizacional.

Neste sentido, «A alma é o segredo do negócio» é claramente a nova versão do provérbio popular. Mas, mais do que isso, é a assinatura dos líderes e gestores de pessoas que, com as pessoas, procuram atingir resultados sólidos e sustentados.

Chegamos aos caminhos bem turbulentos deste mundo VICA e aos desafios nestas empresas e lideranças 4.0!

Mas porque faz tanto sentido o envolvimento de todos os agentes de negócio em torno do propósito das empresas?

(Há quem diga que o futuro das empresas e dos negócios depende de uma nova valoração do propósito.)

5

Serão os gestores de pessoas 4.0?

As próprias pessoas 4.0?

E os inspiradores serão 4.0?

Inspirar, alinhar e mobilizar na Era Digital

[Finalmente... vamos falar de futuro!]

Quando falamos de gestão de pessoas ou de liderança 4.0 somos diretamente direcionados para o quadro do futuro do trabalho e das empresas no qual os processos de gestão das pessoas e da liderança atual irão atuar num futuro muito próximo.

Mas, antes de mais... como será o futuro do trabalho?

Vários têm sido os estudos que têm profetizado em torno do futuro dos processos de trabalho e das empresas e, bem assim, sobre os reais e efetivos impactos nas pessoas, nas empresas, nos líderes e liderados e, sobretudo, nos próprios modelos económicos e sociais atuais e emergentes.

Consideramos especialmente interessantes os resultados de um estudo da consultora McKinsey (Estudo Mckinsey Global Institute, janeiro de 2018) que apontava a automatização, o progresso da inteligência artificial e o avanço tecnológico, como fatores diretamente responsáveis pelo desaparecimento de certas profissões, tal como as conhecemos hoje, a criação de outras profissões e o surgimento de formas alternativas de executar os processos e modelos de trabalho.

Já Carl Fery, professor e investigador da Universidade de Oxford, onde dirige o programa de Tecnologia e Emprego na Oxford Martin School, referia no «longínquo» ano de 2017 que «47% dos empregos nos Estados Unidos da América seriam extintos até 2025!». Estamos realmente a falar de uma pseudocatástrofe em termos do emprego, pois a previsão aponta para, em menos de oito anos, uma destruição de quase metade dos empregos numa das maiores economias do mundo.

Em contraponto, numa perspetiva otimista, o futurista sénior do DaVinci Institute, Thomas Frey, também conhecido por ser um dos Top Futurist Speakers da Google, com um enorme rótulo de visionário, referia pela mesma altura que «cerca de 60% dos melhores empregos dos próximos 10 anos ainda não foram criados».

O balanço parece, afinal de contas, positivo. É fazer as contas...

Se, por um lado, cerca de metade dos empregos estarão em extinção em menos de oitos anos, por outro, bem mais de metade dos empregos, nos anos seguintes, ainda não foram inventados. Apesar de tudo, uma boa notícia.

A verdade é que o Fórum Económico Mundial vem desde 2017 a anunciar que o mundo está a atravessar a quarta revolução industrial — o tal mundo 4.0 —, impulsionada pela ascensão da robótica e da inteligência artificial. Segundo a previsão deste organismo, «estima-se que esta tendência irá destruir mais de cinco milhões de empregos até 2020».

Independentemente desta guerra de números associada à potencial destruição de empregos e, em sinal contrário, à nova criação de novos e diferentes empregos na era digital, já há alguns anos que o Institute for the Future, da Universidade de Phoenix, no seu estudo «Future Work Skill 2020», definiu os seis *drivers* associados ao futuro do trabalho:

1. Extrema longevidade

Os vários estudos e estimativas apontam para um aumento da idade dos cidadãos em geral, devido aos vários avanços na ciência nas últimas décadas, mas sobretudo prevê-se um aumento substantivo do tempo de vida ativa dos trabalhadores nas empresas.

O aumento da idade de reforma devido a questões relacionadas com as sustentabilidades dos regimes nacionais de segurança social, por exemplo, associados à necessidade de manutenção de um vínculo laboral por questões económicas (igualmente devido à redução das prestações de reforma etc.), obriga a uma permanência dos colaboradores nas empresas de forma bem mais prolongada.

Em sentido oposto, está a cada vez maior escassez de colaboradores mais jovens que, apesar de mais qualificados e preparados do que no passado, são em número muito menor do que os que existiram em gerações anteriores nas empresas. Este balanço final contribuirá bastante para uma extrema longevidade dos trabalhadores seniores nas empresas e a necessidade de se gerirem diversas gerações dentro das próprias empresas.

2. A era das *smart machines and systems* como extensão das capacidades humanas

Existe hoje uma intensa discussão sobre se as máquinas (leia-se tecnologias, sob a forma de *robots*, entre outros meios tecnológicos) substituirão a curto prazo os humanos nas suas tarefas. Com alguma razoabilidade, poderemos enquadrar a utilização massiva destas *smart machines* como extensão das capacidades e habilidades humanas. Os humanos continuarão a fazer o que de melhor sabem fazer e utilizar — o seu talento e criatividade —, mas com acessos muitíssimo facilitados e com recursos tecnológicos que ampliarão cada vez mais estas suas aptidões e valências aplicadas a uma série de novos processos e empreendimentos.

Nos países mais evoluídos, porém, a introdução de *robots* no mercado de trabalho não tem verdadeiramente causado destruição massiva de empregos, mas tem causado grandes modificações ao nível das requalificações e mudanças nos tipos e âmbitos dos empregos associados aos graus de complexidade dos equipamentos e aos níveis de facilidade, por outro lado, em relação à sua utilização.

3. Um novo mundo computorizado, em que tudo pode ser programado

A possibilidade de programar tudo e em qualquer momento, dos processos de trabalho aos meios e modos pessoais e formas de vida das próprias pessoas, o presente, e cada vez mais o futuro, ampliará as já atuais aplicações e recurso a processos de inteligência artificial, o que certamente conduzirá à apropriação de um mundo cada vez mais programado à distância no tempo e no espaço.

A inteligência artificial entrará em todos os sistemas de trabalho e, sobretudo, os relacionados com as ações de suporte ao próprio desenvolvimento de tarefas, incluindo os processos de formação, aprendizagem e desenvolvimento nas empresas.

4. Novas ferramentas de comunicação assentes numa literacia multimédia

O recurso a novas plataformas de comunicação presencial e, sobretudo, à distância, exigirá uma nova dimensão de literacia digital e comunicacional para todos os cidadãos do futuro. A simultaneidade de recurso e utilização de meios de comunicação será mesmo uma realidade pragmática do futuro.

5. Novos modelos organizacionais, social e tecnologicamente estruturados

Se por um lado se caminha a largos passos para uma cada vez maior desmaterialização das empresas e organizações, por outro lado, essa «desestruturação» física tem de ser inversamente proporcional a uma maior e cuidada estruturação social e organizacional. Este é um desafio que se coloca aos novos gestores globais das empresas.

6. Um mundo verdadeiramente conectado e multicultural

A visão clássica das gerações nas empresas está a ser rapidamente ultrapassada por uma nova tipologia e caracterização que é transversal à idade física das pessoas: referimo-nos ao aparecimento de uma nova «Geração C — All Connected». Esta nova realidade de *all connected* está profundamente relacionada com o enorme impulso e desafio multicultural que as empresas começam a experienciar de forma muito acelerada.

Por isso, o Fórum Económico Mundial elencou em 2017 as principais competências que os trabalhadores do futuro deveriam possuir, tendo em vista poderem enfrentar os desafios, novos e velhos, mas no quadro de uma nova perspetiva e novo modelo organizacional. Assim, com o intuito de poderem atuar e manter-se empregáveis no futuro, as pessoas deveriam possuir as seguintes **10 competências básicas:**

1. Pensamento crítico na resolução de problemas

2. Criatividade

3. Comunicação

4. Colaboração

5. Curiosidade

6. Iniciativa

7. Persistência

8. Flexibilidade

9. Capacidade de liderança

10. Sensibilidade cultural e social

Muitas destas competências remetem para o que pode ser distintivo dos seres humanos, mas sobretudo para uma enorme necessidade de deter capacidade de autoliderança em variadas situações específicas e diversificadas.

Já anteriormente foi dito na Harvard Business Review (3 strategic questions the future depends, 2015) que «os seres humanos irão fazer no futuro o que sabem fazer melhor e aproveitar ao máximo a tecnologia para conduzir processos, cada vez mais complexos, com maior capacidade analítica e reativa, mas o talento e a criatividade será sempre uma capacidade competitiva».

Desta forma, acho especialmente interessante o que George Monbiot profetizou: «No futuro, se quiseres um emprego, deves ser o mais diferente de uma máquina: criativo, crítico e bom socialmente».

Pragmaticamente, importa contextualizar quais são os reais desafios atuais que se colocam às lideranças das organizações, já hoje num quadro de alterações e necessidade de ajustes constantes, bem como quais os contextos de tomada de decisão mais críticos que se colocam aos seus líderes.

No fundo, quais os mais importantes papéis desempenhados pelos líderes de hoje e quais os mais significativos desafios que já são sentidos nos seus exercícios de liderança.

Estamos, naturalmente, a falar de um conjunto objetivo de desafios que se colocam atualmente a todas as empresas e que influenciam, interferem e condicionam os processos de gestão de pessoas nas organizações do nosso tempo.

Um primeiro desafio tem a ver com a necessidade de definição e ajustes do caminho/rumo a seguir e conseguir manter o foco nos objetivos e nos clientes, apesar das várias dificuldades encontradas e da constante «turbulência» causada pelo mundo VICA.

No atual contexto, marcado por profundas mudanças, mas onde os mercados claramente atiram as empresas para fatores em que os aspetos da relação entre os colaboradores e os clientes cada vez mais exigentes exigem respostas relacionais rápidas e eficazes, a capacidade de (re)definirem os caminhos e os rumos das organizações e, em face dessa necessidade de ajuste e redefinição, manter os níveis de motivação dos colaboradores, o alinhamento e a mobilização, as equipas com o foco nos clientes e nas suas novas necessidades, objetivos e formas de atuar, é um desafio maior neste quadro atual das lideranças organizacionais.

Um segundo desafio tem a ver com as próprias mudanças dos sistemas económicos, sociais e políticos internacionais empurrarem as empresas e os seus líderes para elevadíssimos graus de imprevisibilidade e incerteza.

Os processos de globalização já vividos desde há alguns anos são, nos novos quadros e contextos políticos, sociais e económicos, elementos altamente influenciadores naquilo que constitui o raio de ação das empresas, dos seus líderes e das suas pessoas.

Neste particular, as lideranças de topo precisam de estar permanentemente atentas aos sinais externos e internos com forte impacto das e nas mudanças estratégicas, mas também quotidianas das empresas, para se poder intervir «em tempo real» na condução dos negócios e na gestão da panóplia de ativos necessários para a concretização de objetivos cada vez mais de curto prazo.

Este desafio pressupõe elevados índices de flexibilidade e flexibilização e uma forte capacidade de adaptação e redefinição dos objetivos propostos, comunicados e apropriados pelos diversos agentes internos e externos envolvidos.

O terceiro desafio que se coloca às empresas e às suas lideranças tem a ver com a elevada necessidade de os líderes construírem e agregarem à sua volta equipas multifacetadas, multiculturais e *multi-skilling*, numa visão muito mais elevada do que uma simples integração ou conciliação de várias diversidades. Trata-se da necessidade de implementar uma nova onda e perspetiva de diversidade — uma (autêntica) diversidade cognitiva nas equipas e nas organizações.

A incerteza e volatilidade dos mercados, a necessidade de atingimento de objetivos de curto prazo, relacionados com as atuais características do próprio mercado do talento existente, introduzem novas lógicas de construção das equipas, das suas competências críticas e de uma nova fórmula de envolvimento das equipas por projetos e processos críticos do negócio.

Um quarto (grande) desafio tem a ver com a necessidade de conciliarem as diferentes gerações nas empresas, reunindo o melhor de cada uma destas em torno dos desígnios e interesses dos diversos *stakeholders* da organização numa «fórmula de sucesso» que potencie o melhor de todos os mundos.

A integração multigeracional de forma positiva e eficaz é um dos maiores desafios dos líderes atuais. No contexto atual, diferentes gerações coabitam entre si e competem no sentido de vingar nos quadros específicos do mercado do talento atual das empresas.

Aos atuais líderes compete saber gerir o maior número de diferentes gerações que convivem ao mesmo tempo nas empresas — dos *baby boomers* à geração *millennial* — e nem sempre por opção própria dos líderes e dos liderados, mas sobretudo devido aos contextos específicos dos mercados de trabalho e das pirâmides de idades (questões demográficas) que marcam o atual contexto populacional e social.

Por um lado, um grupo ainda imenso de *baby boomers* (alguns nas posições de liderança de topo das organizações) vê a sua estada nas empresas prolongada fruto do aumento da idade de reforma e das questões relacionadas com a sustentabilidade de Segurança Social. Enquanto, por outro lado, novos elementos das gerações Y e *millennials* começam a chegar às empresas de forma mais prematura, dada a maior rapidez com que terminam os primeiros ciclos da formação académica superior, conseguidos à custa do Processo de Bolonha.

Desta interação geracional resultam múltiplas aceções e comportamentos organizacionais, conceitos diversos sobre os próprios processos organizacionais e de liderança, bem como uma mescla de tipologias de objetivos individuais e grupais que o líderes têm de saber gerir, controlar e transformar em «material positivo» e distintivo da própria organização.

Por último, aparece um quinto desafio que se coloca às empresas e às lideranças e que está diretamente relacionado com a tecnologia. Este é hoje um fator crítico de sucesso das organizações e dos processos de liderança, podendo ser um meio, um conjunto de instrumentos ou, até, um fim no momento de fazer a diferença tanto ao nível dos processos de inovação nos negócios como na inovação dos próprios modelos e processos de comunicação e liderança.

Os processos de digitalização das empresas estão em marcha e a um ritmo alucinante. Quer ao nível dos processos produtivos propriamente ditos, quer ao nível dos processos de suporte, passando pelas ferramentas de análise e tratamento de informação, a introdução da tecnologia de forma voluntária ou obrigatória veio criar novas formas de produzir, mas sobretudo veio trazer novos ritmos aos processos de trabalho.

Moda ou necessidade? Opção ou obrigação? A verdade é que, cada vez mais, a digitalização das empresas está hoje associada à criação de redundâncias funcionais, à destruição de emprego e à necessidade de requalificação acelerada, fenómenos que por si só condicionam o papel e o posicionamento das lideranças face à suas equipas e aos seus liderados. Como referido, estes desafios condicionam os contextos da liderança dos nossos dias.

Conscientes de que a multiplicidade de fatores, numa gestão integrada entre desafios externos e oportunidades internas, pode derivar numa mais-valia organizacional, uma espécie de selo distintivo de uma equipa ou de uma organização, os líderes mais eficazes procuram liderar em função daquelas que são as características base e pessoais que consideram mais relevantes e que potenciam maiores níveis de sucesso pessoal e organizacional.

Estamos, naturalmente, a referir-nos às competências *core* que fazem a diferença aos líderes e às suas equipas nos quadros organizacionais desafiantes e próprios que são por si vividos, os quais, em contrapartida, são estimuladores de ações de desenvolvimento e reforço dessas mesmas características pessoais e competências críticas individuais e organizacionais.

Importa introduzir aqui uma reflexão sobre o posicionamento que as próprias lideranças poderão adotar na procura de se perspetivarem enquanto agentes do negócio das suas empresas, ao mesmo tempo que se posicionam enquanto gestores de pessoas fortemente alinhadas e com a necessidade de ser mobilizadas para o negócio e para os resultados tendo em conta os desafios enfrentados.

Em primeiro lugar, a própria questão relacionada com a capacidade de autoconhecimento, de autoavaliação da sua *performance* enquanto líder e na consciência dos seus pontos fortes e das suas limitações.

Em segundo lugar, e de forma muito pertinente, a necessidade de partir aquilo que usualmente é designado por «competência de liderança» em diversas características e comportamentos facilmente observados e sentidos pela generalidade dos liderados. Estamos a referir-nos a características pessoais, comportamentais e traços de personalidade, que no seu conjunto formam o próprio conceito de competência, e que são essenciais na construção da fórmula desejável, mas também distintiva, que marca o sucesso dos processos de liderança das equipas.

Em terceiro lugar, estamos a falar dos processos de autodesenvolvimento e de autoformação dos líderes atuais com vista à sua superação diária enquanto líderes de múltiplas equipas em diversos contextos e com necessidades de múltiplos *outputs* organizacionais.

Em quarto lugar, uma visão alargada e ampliada sobre os processos que possibilitem jogadas de antecipação e de proatividade face aos desafios e às mudanças em curso, mas numa lógica de ação integradora com os contributos dos diferentes elementos das equipas.

Por último, a questão da liderança pelo exemplo, com especial enfoque nos aspetos relacionados com a mobilização dos colaboradores em torno dos conceitos e objetivos comuns e/ou compartilhados. Este registo fortemente relacionado com as questões da comunicação e persuasão das equipas, bem como com os aspetos relacionados com uma preocupação de ir ao encontro de processos de conciliação e facilitação da pessoa enquanto profissional e agente ativo do negócio da empresa.

Se estes são, pois, os novos desafios do mundo do trabalho que afetará diretamente os negócios e as empresas, afinal, como serão as próprias empresas no futuro?

As empresas do futuro

Basicamente, as empresas do futuro serão marcadas pelos contextos ainda mais agravados pelos sintomas de volatilidade, ambiguidade, incerteza e complexidade associados ao mundo dos negócios. Podemos, desta forma, traçar algumas linhas de atuação e posicionamento das empresas e das suas pessoas.

Com uma força de trabalho verdadeiramente conectada à escala global, as culturas das organizações tornaram-se completamente transparentes, conhecidas e comentadas. Igualmente, com o acesso integral ao conjunto de oportunidades, as pessoas dessas organizações constituem-se «uma força de trabalho voluntária», pois podem exercer esse poder ou exercício de escolha global. Neste mundo, a existência de um propósito conhecido e convincente constitui um pré-requisito obrigatório que uma empresa possa efetuar negócio, produzir resultados efetivos e satisfazer e fidelizar um conjunto de outras pessoas (os seus clientes e representantes dos vários *stakeholders*), sendo conhecida como um exemplo a seguir. Ora, este efeito só poderá ser conseguido quando as estruturas hierarquizadas mais tradicionais, atualmente em processo de mutação ou desaparecimento integral, derem dar lugar a novas redes (mais ou menos complexas e integradas), suportadas sobre propósitos e missões comuns e que são geridas e apropriadas pelas comunidades de pessoas que trabalham em conjunto para alcançar um mesmo objetivo compartilhado.

O impacto cumulativo dessas forças exige uma nova mentalidade e um portefólio de competências específico para que o papel das lideranças continue a ser determinante e relevante e que faça a diferença positiva e integradora para as pessoas e, tão logo, para os próprios negócios.

As organizações do futuro só existirão, assim, se tiverem um propósito, uma linha forte integradora e que agregue o conjunto das vontades, valores e planos de ações de todos os (novos) interlocutores, que se desejam agentes ativos do próprio negócio das empresas.

Para já, conseguimos antever que a empresa do futuro deverá ser:

Orientada para a transformação e a mudança. A empresa do futuro terá de ser capaz de mudar rapidamente de rotas, de processos, de mercados... e com elevado sucesso. Em vez de se limitar a reagir às tendências, terá de ser capaz de as moldar e liderar, num (novo) modelo integrado misto de reatividade e proatividade. As empresas terão de ser capazes de transformar as mutações constantes sectoriais e do próprio mercado numa oportunidade de se anteciparem à concorrência.

Inovadora para além da imaginação dos clientes. A empresa do futuro terá de superar as expectativas dos seus clientes, cada vez mais exigentes. As suas pessoas terão de implementar e gerir fortes relacionamentos colaborativos (internos e externos) que lhes permitam surpreender e encantar os clientes com novas soluções de produtos e, sobretudo, serviços que trarão mais e melhor sucesso tanto para os clientes e incrementarão o próprio negócio.

Globalmente integrada e conectada. A empresa do futuro terá de aproveitar ao máximo a economia global. Os negócios deverão ser estrategicamente desenhados e implementados de forma global, tendo em vista um posicionamento de forma permanente ao que de melhor em capacidade, conhecimento e recursos existirá no mercado, em cada momento, e em qualquer lugar ou geografia. Conectividade será, pois, uma palavra de ordem nestes processos.

Inovadora, ágil e fortemente orientada para aproveitar novas oportunidades. A empresa do futuro desafiará constantemente os próprios modelos de negócios, reinventando-se e desestabilizando a concorrência. Terá de ter a flexibilidade e a agilidade necessárias para poder alterar a sua proposta de valor, subverter as abordagens tradicionais de comercialização e, na medida em que surgem novas oportunidades, reconstruir-se para refocar toda a sua ação e alinhamentos internos e externos.

Genuína, não apenas generosa. A empresa do futuro ultrapassará os limites da filantropia (pura generosidade empresarial) e da conformidade legal. Os seus colaboradores e os demais *stakeholders* exigirão que toda a organização reflita uma preocupação genuína com a sociedade, bem como com os impactos das suas decisões e ações na sociedade e no meio ambiente. Ou seja, acreditará verdadeiramente nos conceitos mais inovadores de responsabilidade social empresarial.

Bem-vindos ao futuro!

E as pessoas?

Seguramente marcados pela presença e interdependência em relação a uma panóplia de sistemas computorizados, robotizados, capazes de aceder de forma imediata e permanente a uma infinidade de dados alojados na nuvem e que permitirão, em cada momento, obter no máximo detalhe, todos os elementos necessários à análise e tomada de decisão por parte dos (novos) decisores das empresas.

As lideranças poderão, desta forma, aceder quer em quantidade quer em qualidade e precisão, que lhes permitirão deter maior profundidade de elementos necessários de suporte à gestão e decisão.

Empresas constituídas por profissionais globais, com sedes entretanto deslocalizadas para áreas geográficas emergentes, maioritariamente constituídas por pessoas não residentes nos escritórios e que assumirão a sua vocação por mais do que uma modalidade de emprego, forma de gerir carreira, e marcadas por percursos académicos e formativos permanentes que possibilitarão um acesso continuado aos mercados de trabalho «virtuais» e, cada vez mais, numa lógica de *sharing economy*.

(Em Portugal? Cada vez seremos menos! Seremos cada vez mais idosos e a trabalhar cada vez mais tempo.)

No fundo, o nosso futuro será marcado por uma extrema longevidade, uma era incontornável de recursos suportados em inteligência artificial que assumidamente ampliarão as capacidades humanas (em alguns casos, substituindo-as!) e marcarão o nosso mundo computorizado e robotizado e que implicarão novos modelos organizacionais, sociais e tecnologicamente bastante estruturados.

As boas notícias? A velha guerra humano vs. automação terá de estar definitivamente ultrapassada. Assumidamente, nesse novo mundo conectado, os humanos farão sempre o que sabem fazer melhor (talento e criatividade) e saberão, por isso, que terão de aproveitar ao máximo a tecnologia para conduzir os processos cada vez mais complexos e que exigem uma cada vez maior capacidade analítica e reativa.

Bem sei que esta é (ainda) a minha perspetiva romântica sobre um futuro onde homens e *robots* encontrarão espaços de convergência e crescimento conjunto.

As pessoas constituirão sempre a vantagem competitiva das empresas! Como sei isso? Porque acredito que, tal como Peter Drucker, «a melhor forma de prever o futuro é criá-lo».

E sobre os (tais) GESTORES DE PESSOAS 4.0

Mas como será o futuro do mundo corporativo onde os gestores de pessoas irão atuar? Que desafios estão à espera das lideranças — enquanto gestoras de pessoas — neste novo mundo digital e ágil?

Deixo aqui algumas pistas (provocadoras, bem sei!) sobre como será o futuro das pessoas e dos gestores de pessoas.

Bem-vindos (de novo) ao mundo da gestão de pessoas no futuro!

O meu chefe é um *robot*!

Invariavelmente, o futuro das pessoas passa pela existência de pessoas e *robots* em franca «coabitação corporativa», sendo que as estruturas organizacionais terão de ser revistas e passando a existir estruturas mais reduzidas e ágeis, porque não poderá um *robot* chefiar um humano?

A existência de *robots* nas empresas já é uma realidade. Porquê pensarmos que serão os humanos a liderar sempre os processos de trabalho e, sobretudo, os processos de decisão?

O meu desafio é integrar a gestão real com a virtual

Dado que proliferarão equipas mistas de pessoas e *robots*, o grande desafio dos líderes e gestores de pessoas no futuro terá de ser o de integrar essas duas realidades, gerindo de forma que a complementaridade e a diversidade sejam a chave do sucesso do negócio.

Ambas estas realidades deverão ter como elemento agregador o propósito (comum) da empresa e o foco no atingimento de resultados.

As minhas pessoas são cada vez mais velhas

Um desafio que se coloca às empresas e às suas lideranças, sobretudo no mundo ocidental, é o facto de as pessoas serem cada vez mais velhas dentro das próprias empresas. O facto de fatores externos determinarem o prolongamento da vida ativa das pessoas nas empresas, associado ao facto de baixas taxas de natalidade dos países ocidentais estarem em franco decréscimo, tem como resultado efetivo um envelhecimento ativo dos colaboradores das empresas.

Com a chega de novas gerações, porém, às empresas, o choque geracional é um processo que assumirá especial dedicação por parte dos gestores de pessoas no futuro.

Trabalho com pessoas de todas as culturas e nacionalidades

O mundo cada vez mais global há muito aboliu (ou pelo menos contornou) as fronteiras dos vários países e potenciou um verdadeiro mercado de emprego e competências globalizado, diverso e inclusivo.

Muitas empresas já hoje são obrigadas a encontrar as competências críticas para o negócio noutras geografias importando-os ou, em sentido contrário, uma deslocalização da empresa em determinada área para outra geografia em busca de «terreno fértil» para poderem desenvolver ou expandir o seu negócio.

As equipas de trabalho são, e serão ainda mais no futuro, multiculturais, transnacionais, e os gestores de pessoas terão de ser capazes de transformar as desejáveis diferenças culturais e sociais em agregação de valor para o negócio, para a empresa e para as próprias pessoas.

A minha empresa é verdadeiramente global

Nesta economia global, as empresas são, elas próprias, cada vez mais globais. As empresas serão no futuro ainda mais globais, até porque muitos dos seus processos de produção e desenvolvimento de serviços e cadeias de valor serão mais ágeis e mais desmaterializados, muitos destes suportados em sistemas de informação e de gestão alojados na nuvem, sem necessidade de espaços físicos de grande dimensão como no passado.

Os meus colaboradores têm uma visão global do negócio

Desta forma, todos os colaboradores têm de adotar uma visão integrada mas global do próprio negócio. Aos gestores de pessoas competirá estimular e gerir um *global thinking* no quadro dos seus colaboradores, também eles globais.

Tenho de gerir várias formas de organização

As formas de organização tradicionais há muito que têm dado lugar a novos processos de estruturação, envolvendo modelos bem mais flexíveis de integrar vários agentes internos e externos nas várias cadeias de valor das empresas, pois o futuro será marcado pela necessidade de os líderes gerirem múltiplas formas de organização que passam por processos de gestão direta e indireta; modelos mais evoluídos do que conhecemos hoje por *outsourcing*, sistemas e modelos inovadores de «*coopetition*» e outros modelos que terão de ser inventados por forma a responder aos desafios de flexibilidade extrema e de agilidade à escala máxima.

Tenho de gerir uma empresa desmaterializada

E se grande parte das empresas estivesse em sítio nenhum? É mesmo disso de que estamos a falar. Hoje todos sabemos os exemplos (já clássicos) das empresas globais de transportes que não têm um único empregado ou local físico (como a Uber), das empresas globais de hotelaria que não têm um único alojamento, hotel ou sequer quarto próprios (Booking, Airbnb...), ou da célebre livraria à escala mundial que, até há pouco tempo, não tinha um único escaparate (Amazon). Esta é apenas uma das vertentes das empresas desmaterializadas.

Outra forte dimensão neste âmbito é a revolução dos processos de comunicação que possibilitam que colaboradores das empresas possam exercer a sua função em qualquer parte do mundo, ao seu ritmo e sem necessitarem de qualquer contacto físico com um espaço empresa.

Tenho de liderar diferentes tipos de empreendedores internos

No futuro, as pessoas serão agregadas nas empresas sobretudo por projetos! Muitos deles em resposta a desafios do próprio negócio e/ou na procura constante de obtenção de vantagens competitivas das empresas face à concorrência cada vez mais (também ela!) ágil e flexível.

Nesta nova dinâmica emergirão novos conceitos de empreendedores e empreendedorismos diversos. Uma nova legião de intraempreendedores surgirá muito em linha com a necessidade de dentro das próprias organizações (mesmo que completamente desmaterializadas, como vimos acima) ser estimulado o aparecimento de novas ideias, novas soluções para velhos e novos problemas e novos alinhamentos, tendo em vista a antecipação permanente e flexibilizada dos desafios dos mercados.

Tenho de garantir a segurança dos diversos sistemas que operam em plataformas diversificadas e não controladas

A segurança nas redes, a chamada cibersegurança, que hoje já assume elevado nível de preocupação junto dos gestores e decisores, irá certamente assumir níveis muito mais elevados de preocupação devido ao crescimento das interações multi completamente suportadas em sistemas e tecnologias de informação que vão muito para além das paredes físicas (muitas delas já inexistentes) das empresas.

O ADN da minha empresa assenta numa economia verde

A chamada «economia verde» veio mesmo para ficar! As preocupações ambientais das empresas irão ser impulsionadas ainda mais devido a vários fatores, dos quais gostaria de destacar, desde logo, dois essenciais: uma forte imposição formal e legal que obrigará as empresas a reagir sob a forma de resposta positiva e proativa sobre o meio ambiente (a proibição da utilização de plásticos descartáveis é um bom exemplo disto mesmo) e uma fortíssima orientação e determinação ecológica por parte das novas gerações que estão a chegar agora às empresas.

As empresas e os seus líderes aprenderão, assim, a utilizar estas preocupações ecológicas e ambientais a seu favor, transformando este fator crítico de sucesso em vantagem competitiva.

A minha empresa sofre com os fatores imprevisíveis que afetam a gestão

Cada vez mais uma série de fatores externos relacionados com fenómenos sociais e políticos afetam diretamente a gestão das empresas. Já nos nossos dias, fenómenos como o Brexit, no Reino Unido, os movimentos independentistas na Catalunha (Espanha), revoltas populares em grandes cidades, como o movimento dos «coletes amarelos», em França, ou as alterações de liderança nos EUA e no Brasil, entre muitos outros, têm impactos diretos nos negócios das empresas (sejam estas mais ou menos globais), afetando a gestão e as suas decisões estratégicas.

Ora, estes processos terão certamente um acentuado agravamento nos próximos anos, sendo que os impactos para o interior e exterior das empresas e demais organizações serão de forte relevância.

A minha empresa tem acionistas de todas as partes do mundo

O fenómeno das empresas globais está diretamente relacionado com as novas composições acionistas dessas mesmas empresas globais. Cada vez mais, o capital das empresas está disperso por vários grupos acionistas de várias proveniências cujas sedes estão situadas em diversas geografias.

Estes processos impactam fortemente as próprias lógicas de organização dos modelos de produção e, consequentemente, a gestão das pessoas em todas as vertentes da organização, desde o topo até às bases das organizações.

No futuro, estes podem ser ainda mais agravados não só pela maior dispersão acionista, mas sobretudo pela maior rapidez e volatilidade em que as recomposições acionistas terão lugar.

Em consequência disso, grandes alterações de processos internos poderão ter lugar em curtos espaços de tempo, bem como as diferentes fases de transformação e alteração cultural internas, sendo certo que a gestão de pessoas terá aqui um importante e renovado desafio em termos do seu raio de ação.

A minha preocupação é transformar o caos informativo em informação de gestão

Há muito que assistimos a uma proliferação de informação diversa e a um facilitismo no acesso à mesma. Ora, com a profusão de novas ferramentas de recolha de informação e digitalização, o volume de dados extraídos de diversos sistemas vai aumentar exponencialmente.

Esta nova dinâmica exigirá uma maior capacidade por parte dos gestores de pessoas da Era Digital de saber selecionar melhor a informação a recolher e recolhida, bem como a saber definitivamente transformar esse autêntico «caos informativo» em verdadeira informação (validada) de informação. O gestor de pessoas no futuro será isso mesmo: um autêntico gestor de informação útil para apoio à decisão a cada momento.

Utilizo várias ferramentas para desenvolver novas soluções

Novas ferramentas e instrumentos com recurso a realidade aumentada, inteligência artificial, robotização serão utilizadas no futuro em vários domínios da intervenção da gestão de pessoas e com especial enfoque nos processos de suporte às ações de aprendizagem e treinamento das pessoas.

Novas soluções serão encontradas para melhorar e resolver velhos e novos problemas ou desafios. Uma coisa é certa: os processos de acolhimento, integração, formação ou desenvolvimento inicial ou continuado das pessoas, bem como os processos de gestão de *performance* e reconhecimento, serão suportados em novos modelos interativos, inter-interpretativos e preditivos, que serão muito mais eficazes enquanto momentos e processos, bem como muito mais dinâmicos e rápidos em termos dos *timelines* da sua execução.

As minhas pessoas já não estão disponíveis 24 horas por dia

O nível de envolvimento físico e presencial das pessoas tende a reduzir no futuro. Fruto das novas gerações que estão a entrar neste momento nas empresas, muito menos disponíveis para passar a maior parte dos seus dias em contextos de trabalho, por um lado, e o facto de várias contingências laborais e legais, por outro, farão com que as nossas pessoas já não estejam disponíveis 24 horas por dia para o trabalho.

Anteriores gerações — completamente *workaholics* — têm dado lugar a outras gerações que já têm valorizado de forma cada vez mais acentuada os processos de conciliação da vida profissional/pessoal, sendo que estes processos terão forte incremento com uma maior integração das atuais gerações *millennials* nas empresas.

Passa a ser um requisito do gestor de pessoas saber exatamente quando pode ou não pode e quando deve ou não deve ter ao «seu» serviço as suas pessoas, sendo que estes processos acabarão por ser fortemente favorecidos pela redução de presenças físicas fruto dos vários processos de desmaterialização organizacional que irão existir.

Lidero equipas mistas, de pessoas e *robots*

Esta será a mais avançada dimensão de diversidade organizacional. Gerir equipas assumidamente mistas, onde cada um terá um papel a desempenhar, compostas por pessoas reais e *robots* reais, será um dos maiores desafios dos futuros gestores de pessoas e líderes organizacionais.

Emoção e razão e não emoção vs. razão corporizará o contexto em causa!

Mas grandes (novos) desafios emergirão. Afinal, ao contrário das pessoas, os *robots* estarão disponíveis para a empresa 24 horas por dia? A proliferação de *robots* aumentará ou aliviará a carga fiscal dos contribuintes? E serão todos (pessoas e *robots*) contribuintes para a Segurança Social e para o Fisco? E quem irá beneficiar disso no futuro? Serão todos pensionistas? Fará sentido falar de horários de trabalho nestes casos? E como serão os processos de gestão das relações laborais nas empresas? Vamos ter sindicatos e comissões de trabalhadores também mistos? Ou organizações diferentes defenderão interesses diversos?

Bem-vindos a um novo mundo com novos desafios.

Todas as minhas operações estão suportadas em ferramentas de automação

A revolução digital é hoje uma realidade e tem já uma enorme expressão no desenvolvimento dos processos de gestão das pessoas nas empresas. Ora, com a ampliação dessas ferramentas fortemente incrementadas pelos novos desenvolvimentos ao nível da inteligência artificial e preditiva, num futuro muito próximo, todos os processos — dos mais operativos aos mais estratégicos de gestão de pessoas — estarão naturalmente assentes em ferramentas de automação.

As capacidades humanas serão estendidas através do recurso a um manancial de instrumentos e ferramentas que, de forma automática, analisarão *gaps* e proporão soluções, suportarão decisões e organizarão novos modelos e processos de desenvolvimento e aprendizagem, bem como acionarão novos sistemas de reconhecimento individual e organizacional, entre outros.

O meu maior desafio é potenciar equipas e processos mais ágeis e mais estratégicos

Nestes contextos de enorme volatilidade do mundo dos negócios emerge uma necessidade de agilizar as estruturas organizacionais, as metodologias e processos de trabalho, as composições e gestão das equipas de trabalho e de projeto, bem como a introdução de novas formas de abordagem no que respeita à relação pessoa/negócio no quadro da dinâmica estratégica do próprio na relação com os clientes e com os próprios mercados.

Há muito que se introduziram novos modelos de gestão das pessoas colocando o RH muito mais próximo e ao serviço da estratégia da empresa, facto essencial na concretização da dialética Pessoas & Negócios. Contudo, importa agora, para além desta colocação junto da estratégia, assumir um RH, mais do que estratégico, um RH totalmente agilizado e fortemente mobilizado para uma nova realidade de reatividade proativa em face dos contextos de mudança e realinhamento organizacional.

Pessoas mais ágeis, inseridas em equipas ágeis, mobilizadas para contextos verdadeiramente agilizados de intervenção direta face aos fatores internos e externos de turbulência dos mercados e novos desafios do negócio da empresa.

Lidero equipas com «*agile thinking*»

Assim, o «*agile thinking*» passa a ser uma das competências mais críticas dos colaboradores no futuro das empresas. Ser capaz de pensar de forma ágil, de agilizar os processos, os meios, as formas de abordar, estudar, planear e executar as ações no contexto da sua intervenção. Mas, também, ser capaz de interagir, intervir e estar inserido em contextos estruturais e sistema agilizados — pertencer a várias equipas e ser liderado e liderar diferentes membros e em variados modelos de organização — serão os novos desafios dos profissionais do futuro.

Os novos profissionais ágeis são os que conseguirão, de forma flexível e adaptativa, vivenciar a organização nas suas mais diversas vertentes de intervenção, sendo gestores e geridos em simultâneo, dependendo dos programas e projetos nos quais estarão envolvidos.

O *people analytics* é o *core* da minha função

Fruto do conjunto de novas ferramentas de levantamento de dados, *big data*, gestão de diferentes fontes e sistemas de informação associados às pessoas, o *people analytics* assumirá cada vez mais uma dimensão crítica na gestão de pessoas, evoluindo de uma área essencial para recolha/análise de dados de suporte à decisão para uma nova realidade (aumentada) com forte vocação para uma gestão preditiva das pessoas nos seus vários contextos pessoais e organizacionais.

Hoje, o *people analytics* é já uma das principais áreas de dedicação dos novos gestores de pessoas, sobretudo pela necessidade e possibilidade de obtenção de vários dados relativos ao «mundo RH», e que podem servir de suporte à construção de vários modelos de organização, afetação das pessoas, avaliação e reorganização de processos. Num futuro muito próximo, será possível associar esta panóplia de possibilidade de acesso, colheita e análise de informação a um novo mundo relacionado com a inteligência artificial, o que conduzirá necessariamente a uma ampliação extraordinária no que respeita à capacidade de criar, inovar e predestinar formas de atuação, intervenção e otimização das várias intervenções humanas na organização e a sua relação direta com os negócios das empresas.

Os meus *business partners* foram substituídos pelos *talent value leaders*

A gestão das pessoas nas empresas através de *business partners*, muito próximos do negócio, é coisa do passado!

A nova gestão de pessoas, no futuro, deixará de ser verticalizada, através de ações e metodologias transversais e fortemente orientadas para uma área concreta do negócio, e passará a estar focada nas várias pessoas da organização como «únicas» e detentoras do *know-how* e competências críticas para o negócio. Desta forma, emergirão os (novos) *talent value leaders*, que serão responsáveis pela gestão da globalidade das ações referentes a determinados grupos de pessoas que potenciem o seu alinhamento, desenvolvimento e reconhecimento com forte direção ao negócio. Estou, naturalmente, a referir-me a algo do tipo «gestor de talentos», que proverá soluções à medida para as necessidades de desenvolvimento de talento a cada um dos colaboradores mais relacionados com a gestão e otimização do negócio da empresa.

Estes novos *talent value leaders* serão também responsáveis pela implementação de ações de medição do *employee experience* na empresa. Estaremos, neste futuro próximo, completamente orientados para a gestão da experiencia do colaborador.

Trabalho os processos de *global talent landscape* suportados em soluções *mobile*

Todas as soluções de gestão e desenvolvimento de talento das pessoas nas empresas estarão suportadas em soluções *mobile*. Os vários sistemas serão de utilização facilitada e os mecanismos relacionados com o desenvolvimento e aprendizagem, desde a análise *gaps* até às respostas de desenvolvimento, terão um suporte *mobile* com recurso a uma série de ferramentas digitais.

Integro novas soluções para a estimulação da *workforce performance*

Soluções de gestão de *performance* com base em modelos de inteligência artificial e preditiva aguardam-nos num futuro próximo. A relação entre pessoas e negócio será estimulada e gerida a partir de indicadores claros de medida que serão ajustados em função das oscilações dos mercados.

O contributo de todos para o sucesso do negócio será medido e cada colaborador saberá exatamente o seu contributo e consequente retorno associado a determinados indicadores de gestão de *performance* e de gestão de potencial, correspondendo a um modelo verdadeiramente integrado entre desempenho, foco no cliente e resultados obtidos.

Há muito que introduzi uma disrupção organizacional e aboli os *job titles*

Os velhos modelos de alocação e gestão das pessoas com base em descritivos funcionais, e posteriormente em descrições de competências, e a respetiva organização em categorias profissionais e em modelos clássicos de carreiras profissionais são instrumentos de gestão do passado.

No futuro já não fará sentido as equipas serem formadas tendo por base o recrutamento e seleção de pessoas através destes descritivos funcionais, dado que os *job titles* já não servirão para nada. Cada pessoa será única, tratada como única, pelo seu perfil específico e pelo contributo que trata para o negócio e para os resultados das equipas e da empresa.

Depois de anos e anos a definirem-se enquadramentos funcionais e descritivos de funções, eis que os gestores de pessoas terão de se preparar para novos modelos assentes na pessoa, com a sua unicidade e individualidade, e no seu contributo para o todo organizacional.

Proporciono boas experiências aos meus colaboradores

Como analisámos anteriormente, o processo de evolução da gestão das pessoas nas empresas começou por uma perspetiva de gestão de *payroll* (administrativa) dos trabalhadores, seguindo-se uma lógica de gestão de pessoas enquanto recursos humanos. Mais recentemente assumiu maior enfoque a chamada gestão do talento (as pessoas com talentos especiais que careciam de desenvolvimento), sendo que este futuro imediato apela claramente para uma gestão da experiência do colaborador (*employee experience*).

Proporcionar mais do que espaço muito agradável de trabalho e proporcionar boas condições remuneratórias e benefícios associados, as empresas e os líderes e gestores de pessoas irão estar muito focados em proporcionar boas experiências aos colaboradores. Este é, definitivamente, um novo paradigma na gestão das pessoas nas organizações.

Cada colaborador é tratado como único. Tenho uma solução HR para cada um

Cada pessoa na organização como única e especial necessitará de uma ou mais soluções HR à sua dimensão e medida.

Únicas, especiais, com necessidades de crescimento e desenvolvimento diferentes e diferenciadas, as pessoas necessitarão de soluções específicas para poderem evoluir, pensar e desenvolver negócio e agir e interagir com as multiplicidades de novos e permanentes desafios de que são responsáveis por gerir e conceber soluções.

Caberá aos gestores de pessoas a criação de meios e soluções técnicas ajustadas a cada realidade e a cada necessidade concreta, por forma a ser um agregador proativo de valor na sua organização.

Liderar pessoas nesta era digital

Para além da conceção e gestão do propósito e linhas de ação, vários são os desafios que se colocam aos líderes na Era Digital, que atuam e atuarão de forma mais reforçada em ambientes marcadamente muito voláteis, incertos, complexos e ambíguos.

Como fazer?

Em primeiro lugar, destacamos a necessidade de estes líderes possuírem e desenvolverem uma mentalidade adaptativa, para poderem navegar com sucesso através desta nova realidade. Isto pressupõe que os líderes estejam, cada vez mais, confortáveis com situações pouco claras, níveis de baixa visibilidade e previsibilidade e que tenham apetência para viajar por caminhos ainda inexplorados. Isso poderá significar que encontrarão muitas vezes situações de «primeira vez», desbravar percursos ainda desconhecidos, ao mesmo tempo que vão criando «músculo» para alcançar resultados.

Saber pedir e obter *feedback* das suas ações e intervenções, bem como traduzir esses resultados de *feedback* como *inputs* nos seus processos de criação e desenvolvimento, são peças fundamentais na consolidação da tal mentalidade adaptativa exigida à liderança do futuro.

De seguida, e um aspeto crucial nesta equação, é a necessidade de os líderes terem uma visão. A visão é uma âncora crítica que impulsiona decisões, ações e julgamentos. Com uma força de trabalho mais jovem, que é orientada por propósito, ter uma visão convincente para o futuro também é um dos principais impulsionadores na atração e retenção dos membros das equipas de projeto e de alto desempenho ou rendimento.

Na verdade, uma visão convincente é um pré-requisito importante para qualquer comunidade ou rede de *stakeholders* ter sucesso. O sucesso das lideranças das organizações do futuro será proporcional à capacidade de conceber e gerir esta visão clara sobre o posicionamento das pessoas e das equipas face ao futuro.

Em terceiro lugar, a necessidade que os líderes terão em antecipar e prever todos os momentos nos quais deverão ter um papel ativo no *engagement* dos seus colaboradores.

Um dos maiores desafios de liderança vai continuar a ser a criação de um ambiente que promova e estimule a motivação intrínseca das suas pessoas. Um sistema de motivação e mobilização das pessoas só poderá ser desenvolvido quando os líderes forem capazes de compreender e enquadrar, nas suas ações, itens como: a necessidade de confiança, a necessidade de ter uma esperança, a necessidade de ter um sentido de valor e a necessidade de se sentir competente e compreendido no seio de uma equipa.

Após um período (de transição) em que a maioria das iniciativas de *engagement* se dirigem aos aspetos relacionados com a motivação extrínseca das pessoas, os líderes das organizações do futuro deverão estar preparados para desenvolver laços de confiança através da integridade e dos resultados concretos, que por sua vez poderão orientar e capacitar os outros, e que deverão esclarecer o significado do trabalho que as pessoas fazem e desenvolver uma influência positiva que deverá ser partilhada interna e externamente.

Outro fator está diretamente relacionado com a capacidade que os líderes das organizações do futuro deverão ter para antecipar e pilotar a própria mudança organizacional. Sempre que as mudanças são constantes e rápidas, os líderes devem usar um sólido discernimento e maturidade intelectual, que advêm de uma visão estratégica para criar mudanças em diversos contextos organizacionais.

Mais do que ir gerindo mudanças externas usando formas de reação e interação pontuais com os meios envolventes, os líderes deverão assumir-se enquanto «pilotos» dos próprios processos de mudança, nos mais diversos níveis (estratégicos e operativos).

Obviamente, neste caso concreto de ação, precisam de envolver as suas pessoas no processo de mudança, desde o início até à sua conclusão, dar prioridade ao que é importante e executar mudanças em diversos momentos, incluindo a implementação de diversas *quick wins* ao longo dos vários processos de interação. Os líderes alimentar-se-ão das próprias mudanças, mantendo o equilíbrio entre as necessidades do contexto, as necessidades dos outros e as suas próprias necessidades, sempre numa relação *win-win*.

Um quinto aspeto está diretamente relacionado com a necessidade atual e futura, de forma amplificada, de os líderes estimularem a autoconsciência. As lideranças não poderão ter sucesso se a sua visão e valores pessoais se sobrepuserem à visão e aos valores da organização. Apenas quando os líderes têm plena consciência das suas preferências e dos impactos das suas ações, forma de dirigir e trabalhar, é que realmente poderão trazer valor acrescentado numa relação esforço/custo/impacto da ação individual e das suas equipas.

Um sexto aspeto tem a ver com a necessidade de os líderes das organizações do futuro terem um forte enfoque e aposta na sua autoaprendizagem. Têm de ser rápidos a apreender e a aprender face a novos modelos, produtos, conceitos e processos. Os contextos de mudanças rápidas obrigam-nos a aprenderem constantemente e sobretudo em modo de autogestão. Os líderes deverão manifestar uma permanente e forte curiosidade face à novidade e a apetência natural por reaprender a pensar e a conceber, incluindo processos de aprendizagem experiencial. Importa aqui reforçar a importância do erro e de errar como fonte segura e profícua de aprendizagem.

Outro aspeto determinante será a necessidade de os líderes se transformarem em fonte de constituição e formação de redes de colaboração. Os líderes no mundo futuro (e isto advém de uma necessidade já muito sentida no atual mundo em mutação) precisam de colaborar implacavelmente dentro e fora da organização entre diversos pares, parceiros e outros atores privilegiados.

Uma nova dimensão social colaborativa deverá chegar e instalar-se de vez! Esta dimensão altamente interativa e colaborativa também incluirá uma forte componente de intervenção no mundo das redes sociais colaborativas internas e externas às organizações onde pertence, bem como a alimentação permanente de uma rede externa (*network*) ativa que permita a franca abertura, discussão e partilha de sucessos e insucessos, numa lógica de comunicação assertiva, comercial, intermodal e multiplataforma, transversal à sua ação e intervenção enquanto pessoa, cidadão e líder.

Um fortíssimo foco no cliente, sobretudo num privilégio absoluto sobre a componente relacional e emocional na abordagem ao negócio e aos clientes, constituirá uma das características da nossa forma de gerir e liderar as organizações do futuro. Uma nova centralidade no cliente marcará o processo da liderança efetiva e eficaz. Uma nova relação de serviço, suportada pela gestão de relacionamentos, permitirá ajudar os clientes a gerir também os seus processos de mudança, sendo este aspeto igualmente crítico para os líderes, à semelhança do que acontecerá na gestão das suas próprias organizações e equipas.

Os líderes centrados no cliente ouvem verdadeiramente a voz dos seus clientes, envolvem-nos na procura de soluções e criam relacionamentos de longo prazo, adicionando valor substantivo aos processos e aos negócios.

Igualmente, o aspeto relacionado com a grande necessidade de os líderes das organizações do futuro estarem habilitados a desenvolver pessoas, nas mais diversas vertentes e contextos, é absolutamente vital no quadro das empresas do futuro que atuaram nestes forte ambientes VICA. Em termos práticos, a liderança pressuporá uma forte dimensão formadora e de «ao serviço da formação e desenvolvimento» do universo das pessoas que gravitarão no quadro das diferentes partes interessadas das organizações.

Saber detetar as necessidades de desenvolvimento de cada uma destas será um desafio crescente! Os líderes deverão ser eficazes na modelação dos próprios comportamentos e na construção de padrões de comportamentos das suas pessoas, de forma a potenciar e amplificar o conjunto de habilidades, competências e atitudes, para que todo o potencial das pessoas possa ser maximizado e transformado em resultados visíveis e avaliáveis por todos.

Um penúltimo aspeto a registar com forte acuidade tem a ver com a necessidade de os líderes de futuro terem de desenvolver uma forte componente de *design thinking*, que pressupõe a capacidade de antecipação de problemas, o planeamento e a estruturação de soluções e o desenho integrado de modelos elaborados de intervenção consciente, propositada e que seja possível medir com fiabilidade dos respetivos impactos.

Estamos a falar de uma capacidade de abstração de elevado grau de complexidade, bem como uma elevadíssima dimensão de conceção e de estruturação mentais.

A esta dimensão há que associar a possibilidade, a cada momento, de construir pura e simplesmente peças que respondam aos processos futuros, a desafios antecipados mas ainda não vivenciados.

Por último, neste quadro descritivo sobre a caracterização dos cenários de liderança no futuro das empresas e organizações, mas um dos mais relevantes, a grande dimensão da comunicação em diferentes canais, meios, processos, momentos e ações pragmáticas que estimulem e promovam os fortes envolvimentos das equipas de trabalho — mesmo quando não estão reunidas num mesmo espaço de forma presencial, o que, aliás, será cada vez mais uma tendência do futuro das organizações — mas que representem focos positivos de envolvimento, mobilização e informação atempada, de todos para todos.

Estes processos serão obviamente agravados e fortemente condicionados pela necessidade de exercer esse papel de comunicador para e com diferentes culturas, nacionalidades, gerações, entre outros fatores próprios relacionados com as multiculturalidades, multigeracionalidades e multiplicidades de diferentes elementos que constituirão as empresas e organizações do futuro.

Os contextos do futuro da liderança e das organizações são altamente desafiadores, não temos a menor dúvida.

Alguém podia imaginar, há meia dúzia de anos, que a maior empresa hoteleira do mundo (Airbnb) não possui um único quarto próprio, que a maior empresa de serviços de táxis (Uber) não detém nenhuma viatura própria e que a maior livraria do mundo (Amazon) não tem qualquer loja com clássicas prateleiras, apenas armazéns e projetos de expedição e entrega com recurso a *drones*?

O caminho rumo à desmaterialização das organizações está em aceleração total. Os fenómenos de globalização, decididamente, deixaram há muito de ser meros fenómenos, são realidades concretas para as quais as lideranças terão forçosamente de saber gerir, reagir e construir.

Por isso, para desenvolver líderes globais que possam ter sucesso com os desafios do futuro, alguns especialistas apontam para a necessidade de ser trabalhado o chamado quociente de inteligência global (fonte: Harvard Business School) a partir de uma agregação dos quocientes de inteligência e quociente emocional; ou seja, a agregação do potencial fortalecido através da aquisição de conhecimentos, processamento de informação e habilidades analíticas críticas ao qual é integrado o grau de inteligência emocional dos líderes.

Por sua vez, este quociente de inteligência global é composto por sete elementos, todos estes absolutamente críticos naquilo que poderíamos designar como «abordagem pragmática» em torno da liderança global do futuro das organizações.

As competências do líder 4.0

Os líderes 4.0 serão os grandes responsáveis pelos processos de mobilização e alinhamento das pessoas nesta denominada Era Digital.

Como descrito anteriormente, a liderança e a gestão das pessoas no futuro será marcada por enormes desafios fruto dos novos modelos de organização, dos negócios, mas sobretudo pela multiplicidade de fatores endógenos e exógenos que determinarão a cada momento a necessidade de reativa ou proativamente ir manipulando, monitorizando e gerindo uma grande quantidade de variáveis conhecidas ou desconhecidas em cada momento.

Como descrito acima, ser líder de topo de uma organização no atual mundo em mutação exige, mesmo hoje, muito mais do que habilidades operacionais, compreensão técnica e conhecimento financeiros, entre outros que constituem uma «bagagem de porão» mais *hard* no que respeita ao portefólio de competências das lideranças. Já não é suficiente satisfazer as necessidades dos acionistas e os requisitos dos mercados locais sem levar em conta as consequências globais que a ação das empresas e dos seus líderes podem ter a um nível verdadeiramente global e transnacional.

Neste sentido, os atuais e futuros líderes precisam de estar profundamente conscientes do impacto dos eventos geopolíticos atuais e potenciais nos negócios e possuírem um alto nível de autoconsciência, ética, sensibilidade cultural, bem como uma dose elevada de humildade e resiliência.

Não nos podemos esquecer de que estamos, já hoje, a atuar num mundo sujeito a um profundo e intenso escrutínio, onde todos olham para o lado e para a frente, no sentido de saber o que todos estão a fazer no que toca a uma multiplicidade de ações, com especial enfoque nos próprios processos e práticas de gestão. Aqui assume especial acuidade o papel da confiança nos processos de gestão e supervisão associados os diferentes modelos de *governance* das empresas.

Os líderes atuais têm plena consciência de que não podem aplicar mais modelos e sistemas de gestão ultrapassados e desajustados com os atuais modelos de envolvimento dos colaboradores e nos novos papéis destes enquanto agentes ativos do próprio negócio. Aqui surgem também os aspetos comportamentais relacionados com a confiança entre os líderes e os liderados, suportados em valores compartilhados.

Os valores das empresas e das equipas constituem, afinal, uma espécie de cola, o vínculo que nos une na ausência de outras ações burocratizadas de controlo.

Novos estilos de gestão emergem, desta forma, ancorados neste valores apropriados e compartilhados e que já não são impostos de cima para baixo. Os valores fornecem aos colaboradores uma estrutura (um guia prático) para tomar decisões quando os próprios sistemas e procedimentos da gestão não são completamente claros.

Podemos, desta forma, apontar um conjunto de 11 competências críticas que todos os líderes do futuro terão de possuir em face desses contextos desafiadores, e sem as quais não serão capazes de gerir os negócios, liderar e mobilizar as pessoas e, sobretudo, não conseguirão otimizar os resultados em função de uma eficaz articulação entre Pessoas & Negócios.

Neste sentido, gostaria de sugerir como as novas competências críticas dos novos líderes do futuro:

Visionário *multi-stakeholder*

O líder do futuro terá de, constantemente, antecipar cenários, ter uma visão sobre o negócio e a sua sustentabilidade, sendo capaz de integrar, numa lógica 360 graus, os diferentes *stakeholders* que gravitam em torno da sua organização, incluindo a concorrência em processos de *coopetition*.

Ao ser visionário, espera-se deste novo líder que seja capaz de desenvolver um propósito e um plano de ação que crie valor para e com aqueles que o rodeiam. Mais do que responder ao «como» e ao «quando», responder ao «quê e porquê», integrar e produzir com foco no serviço que presta a uma comunidade inteira de criação de valor.

Como visionário *multi-skakeholder*, atua com as diferentes pessoas com o foco que essas diferenças possam acrescentar valor efetivo no seu negócio.

Preparado para ser um «generalista especializado»

Se num passado mais distante se privilegiavam as lideranças pelo conhecimento técnico aprofundado em determinadas matérias e, posteriormente, o papel dos líderes passou a ser o de liderar (com o conjunto de *soft skills* associados), já não sendo considerado como um especialista em determinados temas mais *hard*, devendo ser o líder um assumido generalista. O líder do futuro deverá ser um especialista em determinados âmbitos de intervenção, mas sem perder a visão global e a *big picture* a que uma dimensão mais generalista obriga.

Este líder deverá ser capaz de ajustar e adequar a sua lente multifocal ao contexto concreto. Tem de ser uma espécie de especialista em várias coisas, mantendo a sua formação base e preparação multimatérias e *multi-skills*.

Haverá, pois, que concentrar na mesma pessoa um especialista e generalista capaz de ir redesenhando novos modelos, caminhos e processos de intervenção com vista aos resultados.

Curioso pela descoberta e pelo desafio

O líder 4.0 deverá ser capaz de enfrentar e desafiar os meios mais tradicionais de fazer as coisas acontecer, dado que terá de ser também capaz de criar um clima que fomente a abertura e a aprendizagem constantes, quer em contexto organizacional quer em contextos individualizados.

Mais do que operar num determinado contexto específico, o líder do futuro será capaz de incentivar as pessoas a mudá-lo de forma integrada com os próprios desafios da mudança. Deverá estimular e incrementar de forma solidificada os processos de aprendizagem através dos sucessos da descoberta, mas sobretudo assentes em modelos em que errar (e o erro em si) terá um lugar primordial nos processos de desenvolvimento e crescimento coletivo e individual.

Mais do que admitir o erro, o errar. As lideranças terão de criar zonas específicas no desenvolvimento das equipas e da própria organização que facilitem a transferência dos processos de erro em modelos de criação e apropriação das aprendizagens. Algo que entre como as «melhores práticas» da gestão do erro nos processos de descoberta e que identifique as organizações que melhor integram e gerem o erro entre as que obtêm melhores resultados.

Networker e construtor de pontes e parcerias

O líder deverá ser hábil em conectar-se com as pessoas e parceiros certos, isto é, aqueles que trazem valor ao seu propósito e ao sucesso da organização. Mais do que um construtor de equipas e um *team worker*, deverá ser capaz de desenvolver alianças fortes e parcerias poderosas.

Juntar equipas plurais e diversas do ponto de vista cognitivo e construir pontes com diversas entidades externas e outras equipas internas, propiciando espaços de conexão e conectividade positivos em ambos os sentidos, será uma das novas atribuições dos líderes das empresas no futuro.

Inspirado e inspirador

O líder deverá ser capaz de envolver e inspirar as suas equipas para a materialização de uma visão e um propósito, bem como para a concretização de uma missão. Mais do que elaborar planos e orçamentos, deverá alinhar as pessoas com objetivos comuns em estreita concretização dos resultados.

Inspirado no sentido de saber utilizar os seus talentos e criatividade na abordagem aos vários temas e âmbitos de atuação. Inspirador no sentido de, pelo exemplo, ser capaz de fazer acreditar, ser consistente com as suas ações e intervenções junto e com a equipa, mas, sobretudo, ser agregador e mobilizador de ideias (boas ideias!) e fazer ampliar o fator fundamental das equipas — a confiança!

Focado nos resultados

O líder deverá ser capaz de focar as equipas naquilo que é realmente importante para atingir os resultados da empresa. Mais do gerir processos e recursos, deverá ser capaz de orientar e responsabilizar as suas pessoas na concretização dos resultados.

Nunca tanto os líderes precisaram de estar focados nos resultados como agora. No futuro, terão de manter esse foco nos resultados e ser capazes de mobilizar as suas pessoas e equipas num forte alinhamento entre pessoas e resultados. Ou seja, um líder que, mesmo à distância — o espaço físico deixa de fazer sentido, como sabemos —, consegue otimizar essa equação de alinhamento, mobilização e automotivação necessária na concretização e operacionalização desse foco em efetivos resultados de negócio.

Resiliente e empreendedor

O líder deverá ser capaz de assumir riscos com coragem, atuando com determinação face às adversidades emergentes, e deverá ser capaz de reagir com agilidade na incerteza. Mais do que planear o futuro, antecipar e aproveitar as oportunidades, sem medo de falhar.

A gestão do erro como processos de aprendizagem cabe neste âmbito de forma exemplar. Uma atitude resiliente e empreendedora por parte dos líderes promove, estimula e desenvolve uma cultura de gestão positiva do erro nos processos de desenvolvimento organizacionais, com forte impacto na própria aprendizagem individual.

Da mesma forma, empreender apesar das dificuldades e dos desafios (aparentemente) desconhecidos estimula o desenvolvimento do intraempreededorismo nas empresas. Esta nova dimensão do empreendedorismo pressupõe a criação de mecanismos internos, ao nível da gestão das equipas de elevada concentração, foco e potencial, que promova um empreendedorismo a partir de dentro dessas mesmas equipas. A procura de novas soluções para velhos problemas, o encontrar de novas propostas para os novos desafios... são âmbitos de intervenção das novas equipas, das novas pessoas e uma enorme responsabilidade das novas lideranças organizacionais.

Apaixonado pelo crescimento das pessoas

O líder deverá ser capaz de motivar, mobilizar e desenvolver as pessoas, como indivíduos, nas suas singularidades e diferenças, e não apenas como recursos humanos. Mais do que exercer o poder, influenciar comportamentos. Fazer acreditar!

Querer crescer e desenvolver-se, enquanto líder, enquanto agrega valor e desenvolvimento da equipa e de cada um, é uma das competências críticas no líder 4.0 em ação. Valorizar as diferenças e ajudar, enquanto mentor, a descobrir e encontrar os melhores caminhos de crescimento e desenvolvimento de cada um dos elementos das suas equipas, de forma positiva, acrescenta valor à própria organização, na medida em que valoriza os maiores ativos da empresa: as suas pessoas.

Independentemente do seu papel enquanto gestor de equipas mistas dentro da sua esfera organizacional, compostas por pessoas e *robots*, o líder apaixonado pelo desenvolvimento das pessoas fará com que a amplificação do fator humano nas organizações tenha forte expressão na hora de estimular a criatividade, o talento e uma atitude para a superação e um permanente atingimento da *extra mile* individual e coletiva.

Ser um verdadeiro gestor multicultural

O líder deverá privilegiar a integração nas suas equipas de indivíduos de diferentes universos sociais, culturais e nacionalidades. Deverá integrar, nas suas ações e intervenções, diferentes contextos e quadros de referência multiculturais, multiétnicos e multifuncionais, acreditando que o sucesso das equipas e dos resultados assenta na elevada eficácia nestas interações, possibilitando a promoção de ambientes colaborativos e eficazes.

Assume especial acuidade a forte necessidade de os líderes saberem gerir a denominada «diversidade cognitiva» nas suas equipas e organizações. Se no passado o líderes enquanto gestores de pessoas privilegiavam uma gestão de equipas assente em valores e momentos comuns entre os seus membros, formas de pensar semelhantes, e até se propunham ações de treinamento e formação inicial das equipas, por exemplo, por forma a nivelar graus similares de conhecimento e até pensamento acerca de determinadas matérias, na atualidade e com forte impacto no futuro desta era digital, os líderes/gestores de pessoas preocupar-se-ão em encontrar membros para as suas equipas que assumidamente pensem diferente, tenham diferentes construções e modelos mentais e de pensamento, para que esta «diversidade cognitiva» potencie relação direta e impacto imediato nos resultados e nos negócios. Agregar valor através da multiplicidade das pessoas será uma palavra de ordem no contexto das novas lideranças na Era Digital.

Ser um comunicador de excelência multiplataforma

O líder deverá ser capaz de dominar um conjunto de ferramentas de comunicação e deter uma panóplia de *skills* de comunicação em diversos sentidos e momentos distintos. Ser capaz de comunicação para fazer chegar aos diversos interlocutores as mensagens poderosas, rápidas e eficazes no que toca à persuasão, à negociação e à transmissão das suas mensagens, mas também ser capaz de ser o gestor de informação oportuna para suporte da decisão no momento.

Empresas e organizações desmaterializadas, com forte dispersão geográfica e compostas por equipas plurais, diversas, formadas por intraempreendedores localizados em diversas geografias diferentes, serão os contextos que exigirão aos diversos líderes estarem munidos de uma grande bagagem em termos de saber e conseguir comunicar eficazmente, em simultâneo, utilizando diversos modelos comunicativos e ferramentas online e offline.

O objetivo é de, com uma comunicação simples e muito eficaz, ser possível passar a energia, a informação, a mobilização necessária na agregação das pessoas, onde quer que estejam, em torno dos resultados e dos negócios.

O envolvimento, o trabalho em equipa, serão enormes desafios nestes contextos da Era Digital e só serão possíveis se as ferramentas e as ações de comunicação e mobilização forem muito eficazes e eficientes.

Ser criativo e disruptivo

Ser capaz de criar novas soluções e propor diferentes abordagens para os mesmos problemas ou desafios. Criar, inovar, desafiar e desafiar-se a fazer diferente são atributos críticos dos novos líderes e gestores de pessoas da Era Digital.

Assumir a mudança e a gestão da mudança pilotando ações criativas de disrupção nas suas equipas e nas suas organizações implica uma forte coragem na atuação e segurança nas ações. Inovar, inovar, inovar... para permanentemente, e de forma proativa, realinhar caminhos e planos de ação tendo em vista um alinhamento disruptivo com os desafios dos mercados e dos processos dos negócios com e através da mobilização das suas equipas.

Os novos inspiradores 4.0?

Inspirar e ser inspirado é uma receita para os líderes e gestores de pessoas que, nesta Era Digital, necessitam de mobilizar as suas pessoas tendo em vista a maximização de resultados!

E as suas pessoas? Não terão estas também de ser inspiradas e inspiradoras para que, em equipa, seja possível o melhor alinhamento para que a tal fórmula de sucesso Pessoas & Negócios seja uma realidade?

Pois é, seja líder ou liderado, TODOS sem exceção deverão trabalhar a inspiração (que quase sempre advém também de uma dose elevada de transpiração via trabalho), tendo em vista a criação de um ambiente verdadeiramente inspirador e que possibilite uma positiva e correta focalização na superação, na plena concretização dos sonhos dos clientes e na criação de um ambiente que retorne felicidade organizacional para todos os seus membros.

Venha daí e faça um verdadeiro e realístico exercício de inspiração e... prepare-se para ser (ainda mais) inspirador.

Inspire-se para ser inspirador!

Inspire-se mais nas pessoas. As pessoas são a melhor e maior fonte de inspiração. Vamos concretizar?

Aqui ficam os conselhos para líderes e liderados 4.0, que na verdade pretendem verdadeiramente ser INSPIRADORES 4.0 nas suas equipas.

Inspire-se nas pessoas que têm uma atitude positiva,
apesar das adversidades!

Inspire-se nas pessoas que nem sempre têm fórmulas para tudo!

Inspire-se nas pessoas que com as pessoas atingem resultados!

Inspire-se nas pessoas que estão atentas ao mundo que as rodeia!

Inspire-se nas pessoas que partilham as suas ideias de forma cordial!

Inspire-se nas pessoas que superam todos os dias
e que procuram fazer sempre melhor!

Se a «genialidade é 1% de inspiração e 99% de transpiração»
(segundo Thomas Edison), inspire-se nas pessoas que «transpiram» muito!

Inspire-se nas pessoas que têm um brilho especial!
(Lembra-se da parábola da serpente e do pirilampo?
A tal serpente que perseguia o pirilampo,
não que este fizesse parte da sua cadeia alimentar,
mas apenas porque brilhava muito!)

Inspire-se nas pessoas que sabem comemorar os seus sucessos!

Inspire-se nas pessoas que têm bom senso!

Inspire-se nas pessoas que aceitam sempre desafios!

Inspire-se nas pessoas que sabem sempre os seus limites!

Inspire-se nas pessoas que estimulam as boas energias
e que têm uma visão pragmática na sua concretização!

Inspire-se nos líderes que nos mobilizam
todos os dias a fazer mais e melhor!

Inspire-se nas pessoas que pensam diferente de si
mas que contribuem para um final mais brilhante!

Inspire-se nas pessoas que têm a lente sempre focada!

Inspire-se nas pessoas que não perdem o foco!

Inspire-se nas pessoas que acreditam que o trabalho em equipa
é mais valioso que o individual!

Inspire-se nas pessoas que gostam de combater
as ideias preconcebidas!

Inspire-se nas pessoas que sabem partilhar o palco!

Inspire-se nas pessoas que o conseguem surpreender!

Inspire-se nas pessoas felizes e otimistas!

Inspire-se nas pessoas que fazem acontecer!

Inspire-se nas pessoas que usam os dois lados do cérebro
(emocional e racional)!

Inspire-se nas pessoas que sabem partilhar!

Inspire-se em si! Se continuar a acreditar
que a palavra «confiança» faz parte do seu léxico diário!

Inspire-se nas histórias de sucesso e insucesso
das pessoas à sua volta!

Inspire-se nas pessoas que acreditam e fazem acreditar!

Inspire-se nas pessoas que acreditam que não há impossíveis!

Inspire-se nas pessoas que acreditam que
cada um tem um papel a desempenhar!

Inspire-se nas pessoas que são inspiradas e inspiradoras!

Inspire-se! Inspire-se muito... e seja INSPIRADOR!

Pessoas mais inspiradas produzem mais e melhor, são mais alinhadas com o propósito da empresa e são mais concretizadoras. Por isso, poderíamos afirmar que equipas mais inspiradas, compostas por pessoas verdadeiramente inspiradoras, são equipas vencedoras.

Estas são as pessoas mais focadas nos resultados. Acreditar, confiar, colaborar, alinhar, mobilizar são verbos de ação relacionados com uma forte relação entre pessoas que obtêm resultados.

(Mas... e aos líderes? Há alguma relação entre inspiração e MOBILIZAÇÃO?)

6

A síndrome de super-líder

Os líderes mobilizadores da Era Digital serão super-heróis?

[Qualquer semelhança com super-heróis é pura coincidência…
ou será consistência?]

Estamos a falar de líderes ou de super-heróis?

Numa reflexão muito pessoal sobre o que é, ou como deve ser, um LÍDER com sucesso em EQUIPAS DE SUCESSO, sou facilmente levado a pensar que, afinal, ser líder, nos tempos que correm, vai muito além do que seria de esperar há uns tempos, com níveis de exigência muito mais acima do que há uns anos constava do «cardápio» de competências/características do suposto líder eficaz.

O desporto (sim, até o futebol, não sendo eu um grande entendido nessa matéria) veio trazer novas ideias do que é (ou deve ser) um líder de uma EQUIPA DE SUCESSO. No fundo, o sucesso do líder é hoje muito mais do que o sucesso dele próprio! Hoje é muito mais avaliado o sucesso da liderança com base no sucesso da equipa!

Esta não é uma perspetiva nova, mas é uma dimensão cada vez mais oportuna... e até instrumental. Líder que não faz equipas terem sucesso é, cada vez mais, um mau líder.

Quer acompanhar o meu raciocínio?

Os LÍDERES DE EQUIPAS DE SUCESSO são aqueles que:

... Conseguem PERSUADIR e MOBILIZAR pelo conhecimento que detêm, mas, sobretudo, pela AUTOCONFIANÇA que possuem e transmitem.

... Estimulam a ATITUDE de vencer obstáculos e conquistar resultados.

... Estão ATENTOS aos contributos individuais (de cada elemento da equipa) e de TODOS (aos contributos da própria equipa). No fundo, transforma o «eu» em «nós».

... São OUSADOS e CORAJOSOS nas ideias e desafios que propõem para gerar compromissos na equipa.

... Aceitam e ESTIMULAM diferentes pontos de vista. Valorizam a diferença e agregam valor pelo envolvimento de todos na procura de soluções.

Valorizar & reconhecer PUBLICAMENTE AS CONQUISTAS a desafios colocados é uma das suas nobres MISSÕES!

Viva o líder das equipas de sucesso, mas, sobretudo, VIVAM OS SUCESSOS das equipas dos líderes de sucesso!

Estes líderes são mesmo ENORMES super-heróis!

Os 5 C's dos líderes super-heróis

Resumindo, tal como no caso dos super-heróis, que têm como habituais missões as de realizar grandes feitos, salvar princesas ou a própria

Humanidade, os líderes da Era Digital distinguem-se por cinco características essenciais, que prefiro enquadrar como os cinco C's:

CORAJOSOS!
Capazes de assumir riscos sempre.

CRIADORES DE VALOR!
Para todos os que os rodeiam e que dependem das suas ações, ou que as promovem.

CRIATIVOS!
Capazes de criar novas soluções para novos e velhos problemas.

CONECTORES!
Capazes de ligar pessoas e processos que sirvam o propósito da empresa e que relacionem os vários propósitos individuais ao propósito da organização.

COMUNICADORES!
Capazes de envolver e inspirar equipas em todas as frentes, em diversos momentos e recorrendo a várias ferramentas em simultâneo.

Estes correspondem a SUPER-LÍDERES de facto!

(E agora, vamos falar de negócio?)

7

Líderes 4.0 para as empresas 4.0 ou para os negócios 4.0?

[Vamos lá mobilizar para os negócios]

Uma marca distintiva das organizações do futuro, como anteriormente descrito, tem a ver com facto de estas serem profundamente marcadas pela volatilidade dos seus negócios, derivando em lógicas de organização flexíveis e flexibilizadas, onde predomina um foco muito intenso na reatividade às emergências.

As organizações precisam, por isso, de conceber meios internos que lhes permitam adaptar-se continuamente para poder sobreviver e triunfar em ambientes de negócios cada vez mais voláteis e efémeros.

Ora, garantir uma constante adaptação de forma eficaz no quadro das crescentes incertezas e níveis mais elevados de complexidade pressupõe que os processos de liderança destas organizações sejam menos focados em abordagens de estruturação burocratizadas orientadas para a concretização de resultados mais previsíveis e mais focadas para a capacitação dos diversos elementos internos capazes de tomar decisões efetivas e oportunas à medida que os desafios venham a surgir.

Neste sentido, «uma nova era» nos contextos da liderança destas organizações do futuro pressupõe, desde logo, uma mudança radical nos modelos de pensamento de gestão e coordenação convencionais, que têm por base uma elevada confiança em abordagens de cima para baixo, hierarquizadas e assentes numa lógica de análise de risco permanente em termos da gestão dos processos dentro da respetiva complexidade.

Pelo contrário, novos estilos de gestão de equipas e de pilotagem de processos pressuporão autênticos jogos de poder e liderança que combinem estilos e técnicas variáveis, que incentivem permanentemente o aparecimento de novas ideias de baixo para cima, de cima para baixo e entre pares, não esquecendo a intervenção direta dos diversos *stakeholders*, sendo que neste quadro é essencial o estabelecimento de linhas claras de ética nos negócios e/dos processos de trabalho totalmente orientadas para os valores, enquanto elementos de orientação mas também de auto e hetero formação.

As empresas complexas, adaptativas e resilientes do futuro reconhecem que a mudança emerge imprevisivelmente e que os mecanismos burocráticos abrangentes já não ajudam a evolução organizacional emergente. O papel da liderança é fundamentalmente participar ativamente na capacitação e facilitação dessa mesma mudança a todos os níveis, incentivando e reforçando o papel de uma comunicação clara, verdadeira e efetiva, que permita em cada momento uma compreensão de como agir e como interagir. Trata-se, pois, de um papel na liderança do futuro, ajudando as pessoas a cocriar para resultados positivos e apropriados por todos.

Os líderes do futuro estimularão e desencadearão todo o potencial humano das suas equipas e organizações, suscitando confiança através da autenticidade, clareza de propósito e abertura para a aprendizagem contínua de todos, incluindo a sua própria.

Os líderes terão necessariamente de ser pessoas que, conhecendo-se efetivamente numa lógica 360 graus, inspirarão os demais elementos nessa lógica de autoconhecimento e consequente autovalorização permanentes. Os líderes assumirão, dessa forma, um papel essencial enquanto formadores e facilitadores, tendo forçosamente de dispor de tempo e meios para ajudar e capacitar os outros nos seus respetivos processos de aprendizagem e desenvolvimento.

Este processo mais não é do que a assunção de uma certa «tensão intensa e criativa» entre a procura de um modelo ou estilo próprio de liderança ideal (leia-se eficaz, que resulte) e o equilíbrio necessário sobre o domínio de todos os fatores necessários para a apropriação do melhor que o elemento possa trazer ou contribuir para o sucesso da equipa. No fundo, algo entre um profundo sentimento de propósito e domínio das capacidades próprias e a confiança necessária de que a diversificação pode acrescentar algo melhor à fórmula do sucesso em termos dos resultados.

Neste sentido, apesar de ser imperativo que o líder do futuro tenha uma visão integral, saudável e ambiciosa de si próprio enquanto líder, a adoção de uma estratégia de autoaperfeiçoamento constante vai em linha com um senso de interconectividade, pertença e partilha, que advém da sua ação e interação com as suas equipas.

Se a visão e a cultura de uma organização incentivarem a inspiração, o *empowerment* e a confiança, a necessidade de gerir, monitorizar e controlar reduz substantivamente. O superestruturado mecanismo da gestão hierarquizada foi substituído por um novo modelo de governo suportado através de valores que permitem que as pessoas tenham um papel principal nos processos de mudança que desejam ver, sentir e ajudar a concretizar.

As abordagens de liderança que incentivam a diversidade, promovendo o equilíbrio certo da cooperação e da concorrência, compõem a harmonia da criatividade e da produtividade, assegurando que a organização (e o seu ecossistema empresarial mais amplo) possa adaptar-se nos tais contextos de complexidade e volatilidade.

Um elemento essencial da liderança no futuro é o desenvolvimento e gestão de uma cultura organizacional eficaz. O papel da cultura organizacional e o papel dos líderes neste âmbito são cruciais no sentido de ser necessário promover a diversidade e estimular a criatividade, assegurando simultaneamente aos vários *stakeholders* a possibilidade de poderem «respirar» e sentir os valores inerentes a essa mesma cultura forte e sólida. A cultura é conhecida como a «argamassa» que liga uma organização, sendo este aspeto especialmente crítico quando, no futuro, estaremos perante organizações desenhadas e geridas a partir de fontes de enorme dispersão geográfica e até com fortíssima dimensão desmaterializada.

Para que uma organização tenha uma cultura saudável e harmoniosa, precisa de uma robusta missão que una, em torno de si, todas as comunidades envolventes. Essa missão terá de ser assumida pela liderança como a grande «bandeira» que será fortemente apropriada e que fará parte da cultura organizacional.

À medida que as organizações se tornam mais orientadas pelos seus valores, os contextos e ambientes de trabalho, mesmo que descentralizados, tornam-se mais emocionais e psicologicamente mais saudáveis, uma vez que os objetivos poderão ser atingidos sem sacrificar valores pessoais e a própria integridade das pessoas — de facto, ao invés disso, o trabalho poderá até reforçar essa mesma integridade individual, o sentimento de pertença, proporcionando uma experiência rica em aprendizagem individual e coletiva das pessoas e das equipas.

Isso poderá ajudar a estimular e desbloquear o talento e o potencial criativo dentro das empresas, permitindo o realinhamento de toda a estratégia organizacional numa lógica de «trabalho/formação/desenvolvimento», ou seja, uma lógica integrada de produção e aprendizagem permanente de forma articulada pessoa e organização.

Assumem, desta forma, especial relevância as questões relacionadas com a ética nos negócios. Uma organização assente em valores deverá ser uma organização eticamente responsável, onde as respetivas lideranças e os próprios liderados conhecem exatamente os limites das suas atuações, bem como os impactos que as mesmas terão na vida das pessoas e no futuro das suas organizações.

A liderança do futuro, como temos visto, será muito menos baseada num modelo de liderança e muito mais numa efetiva capacidade prática de empreender num mundo de incertezas, viajando em conjunto com a equipa pelas rotas existentes, inspirando-a a descobrir novas rotas, tomando as decisões no momento oportuno e superando todas as turbulências.

Mas, antes de mais, há que relacionar estes processos de liderança com o efetivo envolvimento das pessoas no NEGÓCIO nas suas empresas.

Explicar o negócios às pessoas

Já alguma vez experimentou explicar o seu negócio às suas pessoas? Assim mesmo, uma espécie de desenho de A a Z, envolvendo todas as pessoas.

Prepare-se para criar agentes de negócio.

O papel do gestor de recursos humanos mudou completamente! Esta mudança advém do facto de o próprio papel das pessoas, dentro da empresa, ter-se alterado completamente nestes últimos tempos, tendo estas passado a assumir cada vez mais novos contornos de preponderância no quadro da mudança no próprio conceito de negócio tal como é entendido atualmente.

Percorrer o caminho do negócio nos atuais contextos desafiadores e de incerteza implica uma nova estruturação dos processos de enquadramento e envolvimento das PESSOAS nas empresas enquanto AGENTES DO NEGÓCIO.

Este caminho pressupõe várias etapas assumidamente estratégicas e cuja pilotagem só pode ser assumida pelo (novo) gestor de pessoas nas empresas.

Assim:

(1) Importa compreender os novos ambientes competitivos e os contextos desafiadores do próprio negócio, ajustando permanentemente as diferentes intervenções das várias pessoas para uma resposta efetiva e eficaz em cada momento;

(2) Ser capaz de estimular as suas pessoas numa lógica de gestão de uma cultura de relacionamentos positivos e orientada para uma lógica de

«organização vendedora», onde todos têm uma orientação integral no negócio; e

(3) Saber em cada momento aferir os impactos da ação dos agentes de negócio nos resultados.

Este caminho integrado de negócios e pessoas, que posiciona definitivamente a gestão de pessoas como área estratégica e decisiva no redesenho (permanente) do próprio negócio da empresa, implica uma reorganização integral do quadro dos processos da gestão, sendo que agora o desafio é, pois, mudar o *mindset* das pessoas nas nossas empresas, dado que cada uma se deve assumir também enquanto cocriadora do próprio negócio da empresa.

Existe um processo muito simples mas que muitas vezes produz eficazes resultados imediatos. Já experimentou explicar detalhadamente os contornos do seu negócio às suas pessoas?

Cada gestor tem de desenvolver e implementar a fórmula certa para associar sucesso empresarial à gestão dos seus agentes mais importantes nestes processos — as pessoas.

Tenho para mim que o maior desafio (mas também um dos segredos mais bem guardados dos novos gestores de pessoas) é ser capaz de identificar o potencial gerador de negócio nas nossas empresas e de medir o respetivo *people return* num quadro de cultura de negócio e de «organização vendedora» no seu todo.

Como ser eficaz no alinhamento das suas pessoas com o negócio

Neste processo de envolvimento das pessoas da empresa no próprio negócio da empresa — na perspetiva da «organização vendedora» —, assume especial relevância o papel dos gestores de pessoas e líderes da organização em três âmbitos de intervenção:

— Enquanto *coaches* das suas equipas (nas ações de *coaching* diretas);
— Enquanto conselheiros (em processos de aconselhamento);
— Enquanto mentores (no desenvolvimento de processos de mentoria de cada um dos membros das equipas).

Uma gestão eficaz destes três processos, de forma articulada, será responsável por um maior alinhamento das pessoas em torno do negócio enquanto agentes do negócio das suas empresas.

Percorramos, pois, cada um destes três papéis em termos do que fazer (os *do's*) e do que não fazer (os *dont's*) em cada segmento de intervenção.

Assim:

1. **Enquanto *coach* das suas equipas:**

   O QUE FAZER (OS *DO'S*)

   Contrate as pessoas certas (ambiciosas, desejosas de crescerem e aprenderem) e com atitude certa.

   Recolha boas informações acerca de cada uma e ajude-as a automotivar-se em função do que cada uma privilegia em cada momento.

   Forneça-lhes *feedback* (se tiveram bom ou fraco desempenho, terão de ser as primeiras a saber).

   Transmita-lhes expectativas claras (diga-lhes o que espera delas).

   Identifique claramente os objetivos que devem prosseguir e forneça-lhes os meios para que os mesmos sejam atingidos em função do que se espera de todos e de cada um.

   Encoraje o progresso tentando aproveitar o potencial ainda não despertado.

O QUE NÃO FAZER (OS *DONT'S*)

Não decida sozinho quem contratar (seja cauteloso na seleção).

Não faça promessas (de promoção ou progressão de carreira, por exemplo) que não pode cumprir ou que não dependem apenas de si.

Não passe de treinador para autocrata (caso contrário, as pessoas perdem a confiança em si).

Não seja impaciente (repita instruções quando necessário, mantenha a calma).

Não faça insinuações (refira sempre factos).

Não ignore os problemas (enfrente-os à nascença), impedindo a sua evolução.

2. **Enquanto conselheiro dos membros das suas equipas, no decurso das ações de aconselhamento:**

O QUE FAZER (OS *DO'S*)

Coloque as pessoas à vontade. Não faça ataques pessoais nem dê lições de moral.

Identifique claramente o problema a tratar ou que carece de intervenção (seja específico, não forneça elementos vagos).

Dê tempo para a resposta (pode tratar-se apenas de um mal-entendido).

Oiça com atenção o que o empregado tem para lhe dizer.

Procure acordar com a pessoa as ações a tomar.

Acompanhe o processo de melhorias e elogie o respetivo progresso.

O QUE NÃO FAZER (OS *DONT'S*)

Não domine a discussão (fale apenas durante no máximo 20% do tempo).

Cinja-se aos factos. Não se deixe levar pelos sentimentos.

Não se envolva emocionalmente em demasia.

Não se precipite (não tente que o problema seja resolvido sem identificar claramente a causa).
Não volte atrás na sua palavra. Seja credível: se avisa mas não cumpre, perde credibilidade.
Não se vingue na entrevista (i. e., não aproveite para lavar roupa suja anterior).

3. **Enquanto mentor de cada uma das suas pessoas:**
O QUE FAZER (OS *DO'S*)
Esteja atento aos membros das suas equipas, tentando descortinar os talentosos e os que precisam de ajuda.
Identifique aquilo de que as suas pessoas necessitam e certifique-se de que possuem as competências de que necessitam em cada momento.
Reúna-se com eles regularmente (combine essa regularidade e cumpra o prometido).
Converse abertamente com eles.
Forneça-lhes *feedback* sincero e construtivo quando avalia as respetivas ações.
Partilhe as suas experiências com eles (as positivas e as negativas).
Mantenha-se atento ao que estão a fazer.
Mostre que tem confiança neles.
Converse com eles para saber se estão satisfeitos e para descortinar fontes de melhoria do desempenho.
Esteja sempre atento à possibilidade de partilha de conhecimento e fontes de aprendizagem, bem como de ideias em torno do negócio.

O QUE NÃO FAZER (OS *DONT'S*)
Não perpetue uma relação ineficaz (reconheça quando já não pode fazer nada).

Não continue como mentor de alguém se já não tem competência para o efeito.
Não dê ouvidos a rumores.
Não crie laços de dependência (prepare o protegido para voar sozinho).
Mantenha-se atento ao que estão a fazer.
Evite críticas excessivas.

Envolver as pessoas na construção dos próprios modelos de negócio

Mobilizar para pensar empresa e pensar negócio.

Como referimos anteriormente, uma das atribuições dos líderes e gestores de pessoas desta Era Digital 4.0 é a da constituição e manutenção de equipas formadas por intraempreendedores internos, agentes de negócio, que façam parte do próprio negócio do início ao fim.

Isto pressupõe que os próprios colaboradores saibam desenhar, planear e conceber os modelos de negócio mais ajustados aos contextos, às dinâmicas, às necessidades, mas sobretudo às várias realidades do contexto organizacional.

Existem hoje vários modelos de desenho e conceção de negócio, sendo um dos mais usados o Método Canvas (Business Model Canvas), que permite efetuar o desenho e conceção do plano de negócio em nove passos fundamentais.

De acordo com este método, o fundamental é, no início, saber fazer as perguntas certas. Depois, com base nas respostas a obter, há que preencher um quadro com nove tópicos fundamentais. Tópicos temáticos de abordagem sistémica do modelo de negócio que resultam em todos os tipos e âmbitos de negócio e que facilitam uma eficaz integração dos conceptores do negócio na passagem aos respetivos processos de planeamento e execução, tendo em vista a criação de valor e consequentes resultados.

Desta forma, poderá ser possível um alinhamento e uma mobilização dos colaboradores em torno do «pensar negócio» de A a Z.

Os nove passos que compõem esta metodologia são os seguintes:

1. **Segmentação de clientes**

   Os clientes são a verdadeira e razão principal do negócio da empresa. É, pois, importante definir, em primeiro lugar, quem são, como se podem agrupar e segmentar, e o que esperam em termos da proposta de valor do seu negócio. Os clientes têm de ser colocados no centro de interesse de todo o negócio. Logo, são a primordial razão de atuação de todo o processo relacionado com o desenho e conceção do negócio.

   Por outro lado, os clientes são também pessoas. Logo, todo o negócio deve pressupor toda a dinâmica da gestão do relacionamento de pessoas para pessoas, atendendo aos seus desejos, necessidades e expectativas.

   A ideia, neste âmbito, é construir *personas*. Isto é, um tipo de personagem/cliente, com um perfil tipo, com vontades e desejos comuns, com formas eventualmente comuns de agir e reagir e, com especial enfoque, o que espera da sua proposta de valor em concreto.

   Depois de definir as suas *personas*, o próximo momento é encontrar diferentes segmentos de clientes, baseados em diferentes necessidades identificadas nos perfis tipo definidos. Neste âmbito, uma boa reflexão é se se pretende dirigir a um ou a mais segmentos de clientes. A vantagem de se definir um único segmento de clientes é que provavelmente o seu foco será maior e a estrutura de custo poderá ser menor. Se se optar por mais de um segmento de clientes na definição do negócio, a maior vantagem poderá ser a obtenção de um alcance maior e amplitude em termos do negócio, ou seja, um número maior de possíveis clientes. Todavia, poderá haver aqui uma relação invertida: quanto menor o foco, maior a estrutura de custo necessária.

2. **Propostas de valor**

   Uma proposta de valor poderá ir, muitas vezes, muito além do produto ou serviço em si que será desenvolvido. A real proposta de valor do seu negócio estará relacionada com um problema e com a sua solução, que será oferecida ao cliente e que vai diretamente ao encontro da sua expectativa e necessidade concreta.

   Aspetos como a inovação do produto ou serviço criado e que será oferecido ou simplesmente novas soluções para velhos problemas ou desafios dos clientes segmentados são vitais no desenho e conceção da ou das propostas de valor do negócio.

   Em termos comportamentais, esta fase de desenho do negócio pressupõe um exercício de empatia. Colocar-se no lugar do cliente, de forma simples, mas muito incisiva, pensando nas dificuldades do cliente, nos desafios a superar é meio caminho para conseguir encontrar válidas propostas de valor para cada segmento de cliente encontrado e que se pretende trabalhar. O importante ao responder a esta etapa é realmente pensar no valor subjetivo do produto ou serviço (ou seja, o que é oferecido para além do item ou bem em si mesmo) que se pretende oferecer, um diferencial que unifique as informações de segmento de cliente e a respetiva proposta de valor.

   Se se optou por atender a mais de um segmento de clientes, é importante criar uma proposta de valor para cada um destes.

3. **Canais (a utilizar para distribuição dos produtos ou venda dos serviços)**

   Neste ponto deverão listar-se todos os pontos de contacto com o cliente e que irão gerar direta ou indiretamente a venda ou o conhecimento do produto ou negócio.

Sejam estes as redes sociais, os pontos de venda, o site corporativo, folhetos, publicidades específicas e promoções e ativações de marca em eventos e meios de comunicação diversos, enfim, todos os locais, sejam físicos ou virtuais, em que o cliente vai poder conhecer os produtos ou serviços e que se constituirão pontos de contacto com os vários clientes.

Questões que deverão ser respondidas na hora de preencher esta etapa estão relacionadas com: o produto será revendido por um distribuidor ou será entregue em casa do cliente diretamente? Haverá venda online através de um site ou redes sociais? Que parcerias importa estabelecer para fechar as vendas? Como serão os pontos físicos de comercialização dos bens ou serviços?

4. **Relacionamento com os clientes (formas e métodos de relacionamento)**

Neste âmbito, que depois será traduzido para o quadro de análise, trata-se de apresentar uma visão geral sobre os vários momentos de relacionamento com o cliente, desde o primeiro contacto com alguma divulgação do seu produto, ao seu atendimento e posterior pós-compra.

Este é um importante passo para que se conquiste de vez os vários segmentos de clientes e se definam estratégias conducentes à sua fidelização. Uma boa experiência de compra, de serviço, ou simplesmente de relacionamento, gera a tal fidelização que pode ser o grande fator diferencial no sucesso do negócio.

Fatores como atendimentos presenciais, telefónicos personalizados entram aqui neste ponto extraordinário e são uma mais-valia nos detalhes de obtenção da confiança futura dos clientes nas pessoas que estão por detrás dos bens, produtos ou serviços que foram preparados para si.

5. **Receitas (fontes de receita e montantes expectáveis)**
Este é o primeiro componente do quadro de conceção do modelo de negócio que remete para um âmbito mais racional, ou seja, qual o retorno financeiro pretendido com o produto do negócio que está a ser desenhado e concebido. Estou a falar de planeamento financeiro efetivo. Qual o lucro que se pretende obter? Qual o retorno financeiro que se deseja gerar para o acionista ou para os promotores da ideia e do negócio? Por outro lado, de onde virão os recursos financeiros que serão necessários para injetar a prazo no próprio negócio e farão a manutenção do mesmo e que representarão a sua sustentabilidade posterior?

   Em linha com as questões anteriores, é o momento para pensar no lucro sobre os produtos vendidos ou serviços como uma das fontes de receita primordial. Outras fontes poderão vir como resultado das parcerias efetuadas ou a efetuar e, ainda, de financiamentos privados ou públicos a obter. Tudo isto tem de ser devidamente pensado e identificado no planeamento a efetuar nesta fase.

6. **Recursos chave (principais recursos a envolver)**
Que recursos, aos mais diversos níveis e âmbitos de intervenção, deverão ser disponibilizados e mobilizados tendo em vista a concretização dos objetivos do negócio? De forma objetiva, qual a estrutura que deverá ser montada tendo em vista poder iniciar o negócio que se pretende desenvolver?

   Estou a referir-me a recursos materiais diversos, recursos operacionais, apoios, meios, instrumentos e ferramentas de comunicação, entre outros diversos que sejam necessários tendo em vista a concretização dos vários processos associados ao negócio.

   Os aspetos relacionados com a formação ou o treinamento especializado das pessoas que diretamente irão atuar nos vários contextos de produção ou execução também cabem aqui em termos do seu planeamento.

Resumindo, recurso é tudo o que será necessário possuir, deter ou reunir da estrutura, seja física ou humana, e que possibilitará viabilizar o negócio.

7. **Atividades chave (a desenvolver nos momentos-chave)**

Este é o aspeto crucial para caracterizar o negócio em si no que diz respeito às suas atividades principais. Como fazer? Quando fazer? São as questões essenciais para responder nesta fase do planeamento do negócio.

Que pessoas intervêm e interagem e quando? Quais as tarefas que serão executadas nestes momentos-chave?

Naturalmente, o seu negócio será caracterizado por uma multiplicidade de diversas tarefas, contudo, nesta fase, cabe apenas pensar e refletir sobre as principais que farão a diferença no sucesso do negócio e na hora de entregar aos clientes.

8. **Parceiros chave (ou principais parcerias do negócio necessárias à obtenção dos resultados)**

Os parceiros chave são usualmente muito importantes na criação de um novo negócio. Estas parcerias podem ser fornecedores, outras entidades que contribuem de alguma forma para o fornecimento de algum tipo de material ou meio, outros profissionais ou organizações que dependem ou intervêm em processos que agreguem valor ao projeto em alguma das suas fases.

Obviamente, as parcerias exigem contrapartidas, sendo que essas têm ou devem estar definidas à partida. Por isso, é importante considerar, na contabilização dos custos, aspetos como comissões a pagar, outros custos envolvidos nas parcerias a estabelecer, por exemplo. Muitos desses custos com parceria farão parte dos custos relacionados com o investimento inicial do negócio.

9. **Custos gerais (incluindo a estrutura de custos previsional)**
Este é o momento derradeiro de decisão, se é possível ou não avançar com a ideia ou o negócio em si tal como foi idealizado ou se haverá necessidade de rever algum parâmetro que permita reduzir os encargos e os custos gerais do mesmo e, ainda assim, avançar.

   Importa não esquecer que o Método Canvas foi mesmo desenvolvido para permitir, de forma objetiva, a introdução de todas as alterações (após cuidada análise) e ajustes necessários por forma a tornar viável avançar-se com a ideia ou o negócio que está a ser desenhado e concebido.

   Esta fase é absolutamente determinante em momento posterior de apresentação e venda de ideia a um comité de gestão ou a algum parceiro que pretenda fazer parte da solução do seu negócio.

O Método Canvas é suportado num quadro/esquema simples de caracterização destas componentes do negócio através do preenchimento do seguinte modelo esquemático:

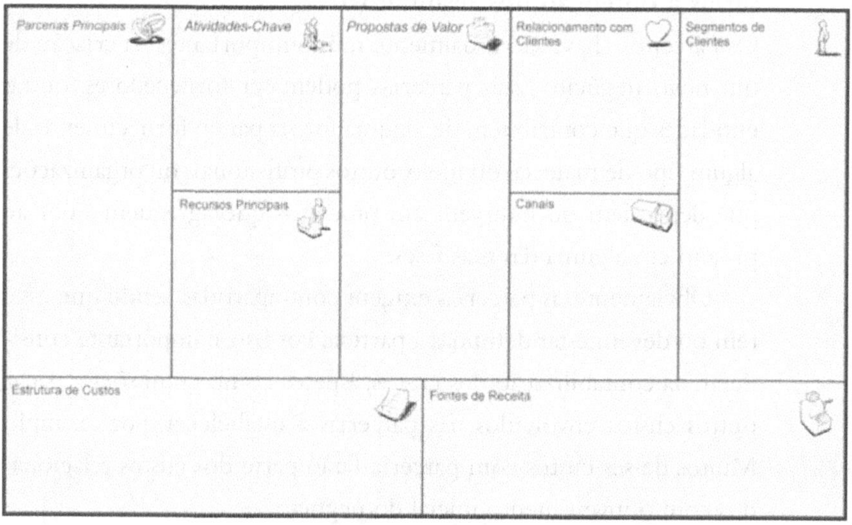

O envolvimento das pessoas como «construtores» do negócio das empresas e a sua assunção como parte da estrutura da «empresa vendedora» pressupõe que as pessoas, nos mais diversos âmbitos funcionais e interventivos, tenham a experiência e o desempenho efetivo como membros das equipas de design, conceção, planeamento e execução dos projetos internos diretamente relacionados com o próprio negócio.

Ao fazer parte da solução final desenhada e encontrada, elas fazem parte do próprio modelo integrado, que, para o bem ou para o mal, vincula, alinha, cria confiança e até alguma dependência positiva em torno dos líderes e dos processos de liderança do próprio negócio.

Por outro lado, tem um efeito altamente formador. As pessoas aprendem e desenvolvem-se a partir de processos experienciais, em que fazer e errar e voltar a fazer assumem espaços privilegiados em contextos de desenvolvimento organizacional.

A vinculação é bastante maior se as pessoas estiverem envolvidas desde o início dos processos e forem trabalhadas para arranjarem melhores soluções. Aqui as competências *soft* associadas a determinadas *hard* podem fazer a diferença.

Por outro lado, aprender fazendo estimula e amplifica uma competência essencial nos contextos permanentes de mudança organizacional — o aprender a aprender dentro e fora das organizações!

Pessoas a criar e a inovar — rumo aos resultados

Nunca se falou tanto como nos nossos dias de inovação relacionada com os processos e os negócios das empresas. Inovar, inovar, inovar... passou a ser a palavra de ordem.

Mas como ficam as pessoas em relação à gestão, ao controlo e à própria implementação dessa dita inovação comparando com a obtenção de melhores resultados nos negócios?

Em primeiro lugar, há que considerar que estamos a viver, nestes últimos tempos, ciclos de inovação dos produtos e serviços bastante mais curtos. Ou seja, cada vez mais, existe menos tempo para aprendermos, testarmos e voltarmos a adaptar-nos e, consequentemente, a inovar.

Mas os mercados têm exigido uma cada vez maior pressão para apresentar os produtos da inovação nos modelos, processos e instrumentos tidos como os mais inovadores.

A tecnologia tem sido a forma mágica de inovar (ou pelo menos apresentar versões mais inovadoras de abordar), sendo que tem sido a grande protagonista dos próprios sistemas de inovação.

E as pessoas? Porque perderam esse papel de protagonista nos processos relacionados com a inovação? Afinal, quem tem sido mais disruptivo, as pessoas ou a tecnologia?

Estamos, naturalmente, a falar de processos de adaptação permanentes — pessoas e tecnologias — e que carecem de grande integração suportada por lideranças cada vez mais poderosas e energizadas.

A inovação não é uma opção, é mesmo uma obrigação. Por isso, precisa de ser constante, para que o negócio não perca a sua relevância e, além disso, possa gerar mais valor para o seu mercado. As pessoas (envolvidas) precisão de considerar os próprios processos de inovação como um diferencial competitivo do negócio.

Neste sentido, a inovação, no final de contas, passará pela forma como a tecnologia ao serviço das pessoas possa:

— Inserir e agregar novas funcionalidades àquilo que é o produto ou serviço que é disponibilizado aos clientes ou alguns segmentos de clientes;
— Facilitar a própria interação entre os clientes e o que se pretende oferecer, melhorar e otimizar os processos de comunicação com os clientes e as formas de mais rápida e eficazmente lhes oferecer o produto ou o serviço; e

— Potenciar e ampliar o próprio negócio, na medida em que possibilita uma maior abrangência física e virtual no acesso aos clientes e a novos mercados, amplificando os raios de atuação e aumentando as próprias dinâmicas do mercado e dos negócios.

E as pessoas como ficam? Onde podem aplicar e desenvolver os seus chamados talentos?

E o talento das suas pessoas pode potenciar os resultados das empresas?

Qual é a definição de talento? Talento e negócios — chave para obtenção de resultados

Nesta minha vida enquanto gestor de pessoas tive diversas oportunidades de estar com outros profissionais do ofício interessados em saber quais os maiores desafios que se colocam para a gestão de pessoas nas empresas nos próximos anos.

Um dos aspetos mais curiosos é que, muitas vezes, entre pares, temos uma enorme dificuldade em obter consensos sobre como lançar um conjunto de pistas de intervenção para o futuro no que toca à gestão do talento nas empresas, a começar no tempo que demoramos a tentar chegar a uma definição clara do que é TALENTO.

É obra! Aparentemente, consideramos que todos sabemos bem o que é o talento e como aparece e se gere nas empresas, mas será assim?

Seja esta ideia verdade ou não, é no mínimo uma verdade que o talento também é produto de um conjunto de fatores internos e externos que influenciam, estimulam ou amplificam o talento das nossas pessoas e das nossas equipas e organizações.

Sendo verdade que o talento existe nas pessoas de uma forma inata ou aprendida (não interessa para o caso em que proporção), também é verdade que essa capacidade, engenho ou habilidade especial pode ser, desde logo, encontrada, estimulada e depois trabalhada. Para isso, a pessoa que a detém deve, no que em bom Português se poderá designar, «estar à hora certa no local certo».

A hora certa depende, para o bem e para o mal, da própria pessoa. Da forma como consegue mostrar-se, evidenciar-se, «vender-se» enquanto detentora de uma capacidade, habilidade ou competência diferenciadora. Mas, sobretudo, da capacidade em poder influenciar o conjunto de «olheiros» que compõem o todo da organização.

Já o local certo remete para a empresa. Para a forma como cada organização está estruturada para poder olhar e identificar os vários talentos que tem dentro de si, e avaliar a forma como os mesmos são (e poderão ser ainda mais) críticos para o seu crescimento sustentado e, depois, para a forma como é capaz de propor soluções à medida das necessidades de retenção, desenvolvimento e de ampliação desses mesmos talentos.

Seja qual for a definição de talento que venha a surgir das eternas discussões entre gente profundamente empenhada e profissionalmente preparada para os desafios da gestão das pessoas no futuro próximo, a verdade é que, influenciando e trabalhando os fatores internos e externos à promoção do talento das nossas empresas, mais eficazmente poderão ser encontradas, aproveitadas, retidas e valorizadas as melhores PESSOAS que farão a diferença na obtenção dos melhores RESULTADOS.

Afinal, só faz sentido falar de gestão de talento no quadro de intervenção da gestão do próprio negócio!

Se talento (das pessoas) e resultados (dos negócios) estão relacionados, qual será o papel da liderança na eficácia dessa relação?

Podemos falar de liderança eficaz para otimização desta relação?

OS CINCO ELEMENTOS ESSENCIAIS À EFICÁCIA DA LIDERANÇA NA RELAÇÃO PESSOAS/RESULTADOS

1. **Criar um sentido coletivo acerca de objetivos/metas a alcançar e do modo de os alcançar:**
   O líder pode usar as suas emoções para melhorar o processamento da informação acerca dos desafios, das ameaças e das oportunidades que se deparam à organização;

   Sob estados de espírito positivos, o líder pode desenvolver maior pendor criativo, podendo gerar uma visão menos convencional, mais apelativa e mais desafiante do *statu quo*;

   Avaliando o modo como as suas pessoas se sentem, compreendendo porque tais sentimentos existem e influenciando as respetivas emoções, o líder pode torná-las mais recetivas e apoiantes da visão e do propósito da equipa e da empresa.

2. **Incutir nos outros o conhecimento e a apreciação da importância das atividades e comportamentos de trabalho:**
   O líder necessita de assegurar que as pessoas têm consciência dos problemas e das oportunidades que se deparam à organização;

   Necessita, igualmente, de lhes incutir confiança para que se sintam capazes de lidar com tais problemas e oportunidades.

3. **Gerar e manter a excitação, o entusiasmo, a confiança, o otimismo e cooperação:**
   É importante que o líder descortine os sentimentos das suas pessoas, antecipe o modo como poderão reagir a determinadas circunstâncias e mudanças, compreenda se existem diferenças entre os sentimentos expressos e os efetivamente experimentados;

É fundamental que o líder tenha pensamento positivo e construtivo, gere ideias criativas e procure soluções *win-win*.

Tem de saber desenvolver relações interpessoais saudáveis e de elevada qualidade.

4. **Encorajar a flexibilidade na tomada de decisão e na mudança:** Estar atento aos sinais emocionais para atender rapidamente às situações que exigem resposta célere;

   Quando conhece e sabe gerir as suas emoções, o líder fica mais capacitado para abordar os problemas de modo flexível, considerar cenários e cursos de ação alternativos, evitar rigidez na tomada de decisão.

5. **Estabelecer e manter uma identidade organizacional significativa para os membros da organização:** O líder deve incutir valores importantes na cultura da organização. É através desta que as pessoas desenvolvem uma identidade coletiva embebida de significado;

   É fundamental que o líder seja capaz de identificar as necessidades emocionais dos seus seguidores de modo que a cultura possa satisfazê-las;

   Uma cultura impregnada de emoções relevantes para as pessoas é uma cultura geradora de entusiasmo e empenhamento.

O papel da liderança na criação de equipas orientadas para resultados

Quando as equipas são fortemente alinhadas e orientadas para os resultados, usualmente, tratando-se de equipas compostas por elementos com elevadas qualificações e detentoras das competências críticas para o negócio, o papel da liderança é essencial enquanto elemento charneira entre o elevado nível de maturidades das equipas e os reenquadramentos necessários em face dos contextos específicos dos negócios com relação direta aos resultados.

Assim, o papel das lideranças é essencialmente:

— APOIAR A EQUIPA

A equipa precisa de motivação, alinhamento, integração, apoio emocional e estratégico.

— PREPARAR A EQUIPA

É necessário ter muito mais competências e profissionalismo nestes casos. A equipa precisa de estar afinada, motivada e formada, tanto nos aspetos técnicos relacionados com o produto e mercado, quanto nos aspetos comportamental e de relacionamento com o cliente.

— COMUNICAR, COMUNICAR

É necessário comunicar com a equipa, mantê-la informada das ações necessárias para um bom desempenho e a ter foco nos resultados;

Todos queremos saber onde estamos e para onde devemos ir. Uma comunicação menos eficaz contribuirá para que possam surgir dúvidas, receios, boatos, indicações contraditórias do que se tem de fazer, conduzindo a que se perca energia vital ao sucesso dos negócios e nos resultados da empresa.

— EMPREENDER

É necessário sair do óbvio, é preciso inovar, fazer com mais qualidade, porque a competição é fortíssima neste contextos de elevada pressão dos mercados e dos contextos económicos onde os negócios se inserem;

Provocar a equipa para que surjam ideias, novos projetos, ações e inovações que venham a reduzir despesas, melhorar a produtividade e aumentar as vendas é uma das facetas dos líderes e gestores de pessoas fortemente alinhados para os resultados.

8

Liderança mobilizadora
Mobilizar pessoas para resultados

[Paixão ou razão? Para os resultados...]

A liderança mobilizadora

Num contexto marcado por fortes restrições e constrangimentos económicos e sociais, com impacto direto nos fatores e instrumentos que nos habituámos a associar à motivação das pessoas nas organizações, fará sentido continuar a falar no papel dos líderes enquanto agentes ativos e fontes de MOTIVAÇÃO? Sinceramente, acho que não!

Acredito, cada vez menos, na necessidade de se promover a motivação das pessoas das nossas equipas. Acredito, cada vez mais (sobretudo no campo da necessidade de envolvimento dos colaboradores nos atuais contextos de incerteza nas organizações), na necessidade de se promover um clima facilitador da automotivação nas nossas empresas, pois só uma visão automotivadora permitirá alcançar as metas e determinar o sucesso.

Ora, em tempos de incerteza, de constantes mudanças, em que nem sempre os resultados surgem como proporcionais ao esforço que lhes emprestamos, mais do que persistir em (tentar) motivar as pessoas, impõe-se MOBILIZAR as nossas equipas, tendo em vista uma clara orientação para respostas de emergência à mutabilidade das circunstâncias e com foco claro na obtenção de resultados.

Julgo, aliás, que estamos perante uma mudança de paradigma: de um paradigma de motivação para um paradigma de MOBILIZAÇÃO — a denominada mobilização para obtenção de resultados.

Neste quadro atual, no qual muito pouco de material existe ao dispor dos gestores de pessoas, mobilizar equipas significa, acima de tudo, envolver, comunicar, criar compromissos comuns, inovar, partilhar, acreditar, integrar, confiar e, sobretudo, energizar.

MOBILIZAR é, pois, a chave do sucesso! O caminho para as pessoas se potenciarem e gerirem os negócios.

Neste quadro, as lideranças assumem novos e renovados papéis. A LIDERANÇA MOBILIZADORA é, claramente, a chave para o sucesso nos processos de envolvimento das equipas e na necessidade de orientação permanente dos melhores caminhos na prossecução dos objetivos traçados face aos contextos turbulentos.

Mas, o que caracteriza, afinal, esta liderança mobilizadora?

Trata-se de uma nova atitude, forma de estar com e para a equipa. Trata-se, afinal, de um modelo de liderança capaz de:

ENVOLVER as pessoas em torno de um projeto significativo comum a todos; envolver as equipas na procura de soluções para os problemas concretos. O líder mobilizador não desfoca NUNCA os resultados, mas ENVOLVE as pessoas e as equipas no seu alcance. Envolvendo os membros das suas equipas, demonstra que os SUCESSOS são de todos (não apenas do líder).

COMUNICAR SEMPRE. Comunicar de todas as formas possíveis, recorrendo aos vários meios disponíveis, informando da situação e dos caminhos a percorrer, do que se passa em relação ao presente/futuro da organização. Falar sempre a verdade, mesmo quando não se pode dizer muito acerca de determinada situação ou momento.

INOVAR. Quer fazer diferente e estimular as pessoas a experimentarem fazer diferente, assumindo riscos associados. Ser capaz de empreender novas ideias e desafios apesar dos contextos adversos dos mercados e dos contextos.

ENERGIZAR. Ter e demonstrar a energia necessária em cada momento. Passar energia positiva para a organização e para as suas pessoas. Ser exemplar nas suas ações, utilizar PALAVRAS e expressões POSITIVAS, do género, «desafio», em vez de «problema». Celebrar os sucessos das equipas e da empresa reforçando os comportamentos e as conquistas em público, com impacto na comunicação interna e externa da empresa.

COMPROMETER E COMPROMETER-SE. Passar em todos os casos uma mensagem de que o líder está comprometido com os objetivos a atingir; criar compromissos dentro da organização; comprometer EQUIPAS e pessoas em torno dos ideais, da missão, dos valores da empresa.

INTEGRAR pessoas, equipas, meios, processos e culturas diversas. O líder mobilizador não desfoca nunca os resultados, mas ENVOLVE todos no seu alcance. Promove o melhor de todos os mundos na sua equipa, gerindo de forma eficaz uma diversidade cognitiva.

CONFIAR E PASSAR CONFIANÇA. Reconhecer o mérito e a excelência dos colaboradores. O líder mobilizador é CREDÍVEL e é, necessariamente, INSPIRADOR.

PARTILHAR. Partilhar a EXPERIÊNCIA, as emoções, a resiliência com todos dentro das equipas e da empresa como conquistas comuns ou património coletivo. Coloca os conhecimentos ao dispor das equipas e estimula a partilha interna de histórias de sucesso e de insucesso com forte relação nas aprendizagens pessoais e organizacionais.

ACREDITAR que as pessoas das equipas são capazes de prestar um serviço de EXCELÊNCIA e QUALIDADE e o líder é capaz de lhes transmitir mensagens positivas em que ACREDITA MESMO. O ponto essencial é demonstrar que se acredita nas equipas através de mensagens POSITIVAS passadas para o exterior da empresa sobre as realizações e o trabalho da (sua) equipa. Acreditar que é possível superar, atingir resultados e sentir que todos fazem parte do todo.

Ora, em contexto de crise e de incerteza, estes tópicos assumem especial acuidade, dado que exigirão do LÍDER MOBILIZADOR maiores cuidados no que concerne a cada um, até porque os fatores tempo e dinheiro jogam, cada vez mais, a seu desfavor.

Seja um líder mobilizador!

Como descrito acima, o comportamento e a atitude dos líderes que se pretendem mobilizadores das suas pessoas e equipas são essenciais para que haja um eficaz alinhamento de todos com vista à concretização e à superação dos resultados.

Em termos mais pragmáticos, os líderes mobilizadores das suas pessoas tendo em vista promover um foco nos negócios e nos resultados deverão dar especial atenção às seguintes ações concretas:

Dê o exemplo em todas as situações!

O exemplo ainda é a mais simples, mas mais eficaz, forma de mover à ação e levar os outros a adotarem determinados comportamentos e atitudes motivados pelo exemplo do líder. Reproduzir comportamentos positivos e eficazes é essencial por parte de pessoas mobilizadas e focadas nos resultados. Os líderes que dão sempre o exemplo são fortemente apreciados e admirados e conseguem motivar e agregar pessoas em torno de determinados objetivos que criem valor reconhecido por todos.

Estimule as diferenças e promova a diversidade!

O contributo de todos tem de ser reforçado e estimulado de forma diferenciada. Estimular a diferença em vez de criar meios para promover a igualdade é a chave para reforçar, reconhecer e premiar o que cada um pode agregar para o todo. Tratar diferente o que é diferente, potenciar e estimular as diferenças é não ter receios sobre o potencial que cada um pode ter e acrescentar ao todo, que será bem mais do que a soma de todas as partes.

Ligue as várias pessoas ao seu negócio! Ajude-as a compreender todos os *links*!

Ajudar a explicar todo o negócio às suas pessoas, ajudando-as a procurar a maior quantidade de informação e elementos relacionados, sentindo-se como parte ativa e efetiva do processo e do próprio negócio, é um dos desafios dos líderes mobilizadores. Todos os *links* relacionados com o negócio e absolutamente críticos na obtenção de melhores resultados têm de ser conhecidos e geridos por todas as pessoas diretamente relacionadas com os mesmos.

Aposte na inovação envolvendo as suas pessoas!

Inovar é fazer diferente. A aposta na criação de novas soluções, potenciando o talento e a criatividade das suas pessoas e equipas, é sempre uma aposta ganhadora! Tendo as pessoas como fonte privilegiada de inovação e intraempreededorismo é mais fácil a partir de dentro encontrar, desenvolver e gerir os processos de mudança e transformação consentânea com as necessidades de resposta permanente aos desafios dos mercado e dos negócios. Pessoas com capacidade de inovar são pessoas alinhadas com a solução e nunca com o problema.

Invista numa comunicação interna clara, verdadeira e envolvente!

Os líderes mobilizadores são exímios comunicadores em várias plataformas. Mas, mais do que os meios de comunicação (e instrumentos) usados, importante é a forma e o seu conteúdo. Uma comunicação clara (não simples, mas simplificada), envolvente e, sobretudo, sempre verdadeira é a chave do sucesso dos líderes que procuram mobilizar as suas pessoas e equipas rumo aos resultados.

Torne as suas pessoas os primeiros embaixadores da sua marca/ /empresa!

Enquanto agentes do negócio, as pessoas terão de ser fãs da sua empresa e marca e, sobretudo, verdadeiros embaixadores internos e externos da organização. Pessoas alinhadas e envolvidas são pessoas comprometidas e responsabilizadas pelos resultados do negócio. Esta é claramente uma das obrigações dos líderes enquanto mobilizadores das suas equipas.

Aposte na gestão do desempenho para promover a meritocracia!

Tratar diferente o que é diferente é o princípio básico da meritocracia! Uma eficaz gestão de desempenho — muito mais abrangente do que uma simples avaliação do desempenho — promove alinhamento, o mérito, uma constante e continuada atitude conducente à *extra mile* de cada um dos membros e de própria equipa na sua globalidade, sendo este o grande benefício de uma aposta clara na meritocracia.

Fixe objetivos claros (desafiadores) para todos!

Da mesma forma, é importante que todas as pessoas das equipas saibam exatamente o que a organização espera de si. Quais os objetivos do negócio, da sua equipa, e os seus próprios, que se pretendem superar. Este não é um exercício de atingimento, deve ser antes um exercício de superação! Para isso, fórmulas muito simples de definição de KPI (*key performance indicators*) nas vertentes organizacional (de negócio), de grupo ou equipa e individual podem e devem ser usadas como guião negociado e comunicado do que a empresa espera de todos e de cada um. Este é também um princípio básico e um pilar essencial rumo à mobilização para os resultados.

Invista na formação e desenvolvimento das suas pessoas!

Uma das características essenciais (eu diria naturais) dos líderes mobilizadores é a forte vocação e capacidade para ajudarem as suas pessoas a crescerem e desenvolverem-se a partir de padrões e parâmetros mensurais e estimulantes de desenvolvimento pessoal em articulação com o próprio desenvolvimento organizacional. Logo, mobilizar para os resultados e para negócio implica uma contínua atenção às necessidades de desenvolvimento e treinamento das suas pessoas ao mesmo tempo que agregam valor à própria organização. A formação e desenvolvimento é um investimento, e não um custo, e resulta num jogo de estímulos internos na procura de fazer mais e melhor e numa necessidade de nivelar por cima o capital humano das equipas e da própria organização.

Aposte no reconhecimento interno!

Reconhecer é identificar, valorizar, publicitar e ampliar ações, comportamentos e atingimentos e/ou superação de metas e desafios mais ou menos alcançáveis. Cabe aqui também um pouco um outro conceito, o de recompensar a partir do reconhecimento! Recompensar é formalizar, sob a forma de prémio ou benefício extra ou adicional, esse reconhecimento obtido. A materialização desse reconhecimento, suportado em benefício financeiro ou em algum benefício qualitativo — diretamente relacionado com o conceito de «salário psicológico» —, é que fará a diferença na hora de medir o grau de esforço extra que os colaboradores efetivamente empreendem na concretização dos tão esperados resultados. Implementar um modelo de recompensas facilitador e estimulador da chamada *extra mile* por parte dos nossos colaboradores de forma eficaz é um dos maiores desafios dos líderes mobilizadores para resultados tendo em conta os contextos de indefinição, ambiguidade e complexidade em que as nossas empresas atuam.

Integre as diferentes gerações e promova a partilha dos vários saberes!

Como já anteriormente referido, a integração de várias gerações nas equipas, mas com o foco claro na partilha e na transferência de *know-how* e energia, é essencial como fator mobilizador das várias pessoas que intervêm nos processos de obtenção de resultados. A necessária diversidade cognitiva é um processo e não um resultado em si mesmo. Esta é necessária para agregar valor num quadro de multiplicidade, pluralidade e de crescimento organizacional efetivo.

Na medida do possível, permita uma boa conciliação vida pessoal/ trabalho!

Por último, como fator facilitador dos processos de mobilização internos, os líderes deverão estar atentos às questões relacionadas com uma (possível) eficaz conciliação entre a vida pessoal e a vida profissional das suas pessoas. Este é, como sabemos e referido anteriormente, um dos aspetos que são privilegiados pelas novas gerações que chegam às equipas e às empresas, sendo que o líder mobilizador deverá andar à frente neste quadro, por forma a potenciar melhorias significativas nos aspetos relacionados com a qualidade de vida dos membros das suas equipas de trabalho. A responsabilidade pela conciliação é das próprias pessoas (dos liderados, neste caso), mas o fornecimento de meios e recursos para que esta possa ser uma realidade também é corresponsabilidade dos próprios líderes, que poderão estar mais ou menos atentos ao tema.

E o contrário de mobilizar é... desmobilizar!

Se a palavra de ordem é mobilizar, também é certo que é muito mais fácil adotar uma postura e uma ação contrária, mesmo sem se querer.

De uma forma muito simples, poderemos encontrar uma espécie de TOP 5 das ideias que estão muito em voga nas nossas empresas e que correspondem a verdadeiras políticas instituídas de desmobilização das pessoas e das equipas.

Apresento-vos, pois, o TOP das expressões (que mais do que expressões, são autênticos movimentos culturais internos instituídos) mais DESMOBILIZADORAS de sempre nas nossas empresas.

Apesar de se tratar de um TOP 5, é, como veremos, um pouco indiferente em que lugar ocupa cada uma destas na nossa empresa, pois todas têm importância cimeira na hora de desmobilizar equipas e processos, para não falar já em resultados.

Eis o TOP 5 da DESMOBILIZAÇÃO nas empresas e nas equipas

«Sempre foi assim!»

«Sempre foi assim!» é algo que está verdadeiramente impregnado nas nossas empresas há anos. Trata-se de uma expressão, aliás, uma vocação, que tem grande escala e que atravessou gerações e gerações nas nossas organizações. O «Sempre foi assim!», às vezes complementado com um sonoro «E sempre assim será!», é símbolo maior da resistência à mudança, à inovação a qualquer sinal de alteração ao *statu quo* organizacional.

Esta autêntica «praga» pretende promover o imobilismo, a desinformação, a vontade de não fazer (mesmo) nada para mudar, nem sequer tentar mudar. Esta é uma das maiores fontes de desmobilização para quem pretende inovar, empreender e arriscar fazer diferente.

«Não se meta nisso!»

«Não se meta nisso!» é a expressão máxima de que não vale a pena pensar diferente, fazer diferente. É o expoente máximo da passividade organizacional e uma forte e marcada vontade de que assim está bem e pronto!

É quase sempre precedido de alguma história (sempre pela negativa) de como alguém, há muito tempo, terá tentado alterar algo e não correu mesmo nada bem! Mais do que uma expressão, é uma espécie de lição de vida (triste, diria eu!) e uma prática tão ancestral como a anterior e cujo efeito é quase sempre o mesmo — a desmobilização total!

«Eu tinha avisado!»

«Eu tinha avisado!» é um elogio à desgraça e um hino ao «não vale a pena fazer nada de diferente». Alguém aparece, de onde menos se espera, e relembra que não se devia ter feito nada, mesmo nada. «Eu tinha avisado!» é uma expressão de desmobilização total da equipa! Quase sempre proferida em grande grupo (ou, pelo menos, para o maior número possível de pessoas ouvirem), transforma-se quase sempre numa comemoração da desgraça, do erro que podia não ter sido cometido, se alguém tivesse feito exatamente o que era esperado — a saber, não ter feito nada!

«Agora é que vem com isso?»

«Agora é que vem com isso?» é uma expressão avassaladora em matéria de criação de bom ambiente e comunicação na equipa. Altamente desmobilizadora, a expressão «Agora é que vem com isso?» é arrasadora em termos de promoção de novas e boas ideias e é fortemente opositora dos processos de transformação cultural ou organizacional expectável nos contextos de mudança nas empresas. Esta expressão remete para um tempo — ou melhor, um já fora de tempo — em que já não é possível ter novas ideias, promover a criatividade, potenciar a geração de novas ideias e propostas. Por outro lado, é eficaz na anulação de um processo de comunicação que se pretende sempre aberto em todos os sentidos e é promotora do imobilismo e do «mais do mesmo» organizacional.

«Eles (lá em cima) que decidam!»

Por último, esta expressão «Eles (lá em cima) que decidam!» representa a desresponsabilização total pelas ações, decisões locais e qualquer vontade de mobilizar ou ser mobilizado em termos do contexto de equipa. O «eles» correspondendo a um discurso de terceira pessoa do plural remete para uma quase entidade externa, ou «eles», que usualmente quer dizer a administração ou a gestão de topo da empresa, deverá sempre dizer o que fazer, sendo que os «comuns» colaboradores devem sempre fazer o que se lhes pede em total passividade de atuação. É, pois, uma espécie de assunção de «desresponsabilidade» pelas decisões e pelos impactos ou resultados de eventuais más decisões que sejam tomadas superiormente.

Estando apresentadas as cinco expressões mais desmobilizadoras de todos os tempos, no contexto das nossas organizações, importa agora perceber quais as 10 características que, quer em contextos de liderança de equipas, quer em contextos de autoliderança em equipa, contrariam estes processos de desmobilização e estimulam e promovem a MOBILIZAÇÃO das equipas.

10 Características que estimulam a mobilização

1.
Organização

Ser organizado, promover a organização, trabalhar tendo por base padrões de organização das pessoas, dos processos, dos meios e instrumentos.

2.
Persistência

Manter o foco, voltar a tentar, transformar o erro em aprendizagem e voltar a fazer de novo, focar do resultado e não no processo.

3.
Não desistir face às dificuldades

Ser resiliente, não ser impaciente, estudar e partilhar com outros as várias alternativas, ser disruptivo e inovar na procura de outras soluções possíveis.

4.
Criatividade

Não ter medo de sair da caixa e tentar uma solução ainda não testada, promover e estimular novas ideias, fazer chover ideias para melhorar processos.

5.
Dar o exemplo

Dar sempre o melhor exemplo, ser congruente com o que se diz e pede, ser o primeiro a mostrar que se está presente, ser uma referência em tudo.

6.
Competência técnica

Ser sólido em *know-how* e em conhecimentos técnicos e tecnologias, dominar múltiplas ferramentas e instrumentos, estudar, estudar...

7.
Poder de persuasão

Ser capaz de levar os outros a acreditar que vale a pena pelo menos tentar, entusiasmar, passar as mensagens, levando à ação.

8.
Facilidade de comunicação

Ser um exímio comunicador em multiplataforma, usando vários meios em simultâneo, passar emoção para obter a adesão das pessoas.

9.
Trabalho em equipa

Ser um bom membro de equipa e um excelente líder de equipas, potenciar a criação e a estimulação de ideias em equipa, criar em equipa com melhores resultados.

10.
Networking

Saber que já ninguém está sozinho no mundo! Partilhar e estabelecer parcerias promovendo relações *win-win* faz parte do segredo do sucesso.

E, para ser um bom mobilizador de pessoas, os líderes têm de ser líderes apaixonados?

Qual é o papel da emoção — da chamada paixão pelas pessoas e pelo que se faz — nesta lógica de melhor mobilizar as pessoas com vista à obtenção de resultados?

E as pessoas (os liderados) terão estes de ser também liderados apaixonados pelos outros, pelo negócio, pela superação das expectativas dos seus clientes?

Qual a relação entre a paixão e a razão que fará cada pessoa querer alcançar mais e melhores resultados?

Liderança, paixão e razão pelo atingimento de resultados

Várias têm sido as expressões inspiradoras sobre liderança que temos lido e ouvido nestes últimos tempos.

Em quase todas, um denominador comum: os líderes mais eficazes na mobilização de pessoas são aqueles que conseguem passar emoção e paixão pelos projetos e pelas próprias pessoas que lideram, levando-as, num quadro de total envolvimento pessoal, a concretizarem os objetivos de todos. Portanto, uma relação direta entre paixão e atingimento de resultados.

Esta característica bem simples (será?), a paixão, pode afinal fazer milagres na relação líder/liderados. Este líder mobilizador apaixonado só pode ter um efeito balsâmico junto da sua equipa!

Alguém fortemente apaixonado pelo projeto e pelas equipas só pode ser um verdadeiro exemplo na hora de comprometer e comprometer-se com os outros. Só pode ser um mestre em passar em todas as ocasiões uma mensagem de que está comprometido com os objetivos a atingir, que está sempre disponível para criar compromissos dentro da organização, de comprometer EQUIPAS e pessoas em torno das ideias, da missão, dos valores e do propósito da empresa.

Quer ser um verdadeiro líder apaixonado ou quer ser uma pessoa apaixonada que gosta de obter resultados? Em ambos os casos, siga os seguintes (poderosos) passos:

1.° passo
Promova uma cultura transformadora e transformacional

Conheça e reconheça o mérito das suas pessoas. Avalie e faça a gestão do desempenho e potencial de cada um dos elementos da sua equipa. Atreva-se a propor e desenhar percursos de desenvolvimento individuais para cada um. Procure clarificar expectativas e proponha os desafios certos para as pessoas certas.

Valorize, comprometa e reconheça publicamente os êxitos/sucessos da sua equipa.

Para a implementação e desenvolvimento deste tipo de cultura — totalmente orientada para a transformação da empresa, das equipas e dos negócios —, há que introduzir e trabalhar aspetos junto das pessoas que as torne muito disponíveis para aprender e ensinar, encorajando a participação ativa de todos na aquisição e desenvolvimento do saber e do conhecimento necessário para agregar e maximizar os resultados. Da mesma forma, é importante serem trabalhados e amplificados os meios e mecanismos internos de reconhecimento e valorização desses mesmos conhecimentos adquiridos pela ação e interação com o negócio e as pessoas envolvidas, capitalizando a experiência de cada um dos membros da própria equipa.

O reconhecimento de que há sempre algo a aprender com a experiência dos outros encoraja ações de partilha com forte aporte de valor para a missão, visão e propósito da empresa. Igualmente, destaca-se e reconhece-se o contributo dos outros nos nossos próprios desempenhos individuais, pois partilha-se a consciência de que os comportamentos positivos são multiplicáveis e transferíveis.

Neste foco no desenvolvimento das pessoas como grande motor transformacional, a existência de uma cultura transformadora determina que existam planos de desenvolvimento sólidos, robustos e consequentes totalmente alinhados com as necessidades e objetivos de crescimento profissional de cada uma das pessoas das equipas. Essas ações de desenvolvimento pressupõem um conhecimento aprofundado das valências de cada pessoa na procura de um desenvolvimento global enquanto pessoas e profissionais alinhados e mobilizados.

Da mesma forma, tanto os líderes como os liderados terão de conhecer e reconhecer os contributos individuais de cada pessoa para o atingimento dos objetivos da equipa e do negócio. As atividades das pessoas devem ser, desta forma, valorizadas e são conhecidos os graus de valor acrescentado que cada um pode aportar (e aporta) para o negócio e para a atividade da empresa na sua globalidade.

Um ambiente que suscite e estimule ideias inovadoras com vista ao desenvolvimento e ampliação das capacidades das pessoas é, de igual modo, um fator primordial desta cultura. Concretizando, este ambiente estimulado permitirá que se nivele por cima a fasquia do desempenho enquanto equipa, fazendo-o com o pragmatismo necessário e não criando situações de desmotivação ou exclusão.

Para a criação e manutenção desta cultura transformadora e transformacional, várias são as **competências que deverão ser trabalhadas e desenvolvidas** por parte das nossas pessoas.

Disponibilidade e interesse: demonstrar disponibilidade e interesse em conhecer as restantes pessoas que compõem a equipa de trabalho, as suas competências, a suas experiências mas, sobretudo, as suas motivações.

Confiança: estabelecer uma relação de confiança e uma comunicação confiável, de forma transparente e positiva, consistente com os valores e propósito da equipa.

Meritocracia: fomentar o mérito e estabelecer condições para um alto desempenho no trabalho de equipa. De igual modo, analisar os desempenhos individuais (auto e hetero reflexão), sendo capaz de distinguir uns e os outros em relação aos resultados.

***Coaching* de equipas:** ser capaz de desenvolver ações de *coaching*, dando *feedback* construtivo e direcionado aos outros membros das equipas, estimulando e incrementando o desenvolvimento de competências relacionais (*soft skills*) e definindo metas, ou ajudando a definir diferentes metas adequadas, de transformação evidente, que inspiram novos comportamentos individuais e coletivos.

2.º passo
Promova uma cultura construtiva e mobilizadora

Promova a autonomia nas suas equipas, procure garantir o suporte necessário à prática da mesma no quadro da equipa. Faça um verdadeiro esforço por delegar e pratique o *empowerment* como princípio basilar do seu dia-a-dia, assumindo sempre uma postura positiva e envolvente.

Na construção desta cultura construtiva e mobilizadora assume especial acuidade a utilização e partilha dos erros como metodologias e ferramentas poderosas de aprendizagem. Para isso, torna-se necessário criar o clima para, sem medos, expor e partilhar informação sobre erros reais como exemplos de situações propícias à melhoria contínua e à aprendizagem. Uma aprendizagem organizacional e individual com base no erro e no sucesso retroalimenta os próprios processos de aprendizagem e desenvolvimento organizacional.

De igual modo, a celebração de vitórias e conquistas individuais e da equipa, na obtenção de resultados, reforça a cultura construtiva e mobilizadora. O aproveitamento de momentos de superação individual e coletiva para se lançar e relançar momentos de reconhecimento e celebração, tais como atribuição de prémios, atividades de *team building* para consolidação de memória coletiva de sucesso, ou simplesmente momentos de descontração e lazer, são igualmente muito bem-vindos neste âmbito.

Obviamente, apesar de a implementação deste tipo de cultura ser da responsabilidade de todos os membros da equipa, o papel dos líderes construtivos e mobilizadores é, sem dúvida, o de inspirar diariamente as suas pessoas e estimular o orgulho pelas conquistas alcançadas. Para tal, as lideranças terão de demonstrar convictamente e visivelmente esse orgulho que sentem em todos os desafios que a equipa vai conquistando no seu dia-a-dia e no atingimento de objetivos e alcance duradouro de resultados.

Um aspeto igualmente fundamental no reforço desta cultura tem a ver com a capacidade de todas as pessoas das equipas se colocarem no lugar dos outros membros, a chamada empatia. Só desta forma, e com esta empatia, será possível que todos garantam o apoio nas respetivas autonomias funcionais, por um lado, e nas partilhas e compreensão de sentimentos e emoções, por outro.

Como produto desta cultura construtiva e mobilizadora aparece em lugar cimeiro a confiança. Confiar e ser confiável é a chave, mas é também uma consequência. Desde logo, a confiança dos líderes e dos liderados de que é possível atingir mais e melhores resultados e é possível concretizar com extremo sucesso a tal relação Pessoas & Negócios. Como processo sustentável desta modalidade, importa demonstrar regularmente a confiança aos outros de que existe a tal capacidade coletiva de acreditar e confiar, sobretudo em momento de maior pressão, cansaço e desgaste emocional e organizacional.

Para a criação e manutenção desta cultura construtiva e mobilizadora, várias são as **competências que deverão ser trabalhadas e desenvolvidas** por parte das nossas pessoas.

Desenvolvimento e aprendizagem: fomentar o desenvolvimento e aprendizagens contínuas e continuadas das pessoas e das várias equipas. Também, promover o fornecimento de *feedback* regular, aconselhamento e acompanhamento de outros membros da equipa até à sua autonomia (contribuir para a construção de profissionais autónomos).

Definição de prioridades: transmitir e interpretar as diretrizes e prioridades com clareza, estabelecendo o grau de delegação ou autonomia mais adequado para cada pessoa, influenciando muito positivamente e decisivamente a sua automotivação.

Delegação e tomada de decisão: ser capaz de delegar e dar autonomia para a tomada de decisão, assegurando que as pessoas têm o suporte de que necessitam para atuarem com sucesso nas suas respetivas áreas de intervenção.

Projetos e soluções: ser capaz de inspirar outros a serem capazes de desejar e conceber projetos criativos e a darem soluções, galvanizando e contagiando com a sua atitude e energia positiva e mobilizadora.

3.º passo
Promova uma cultura de liderança pelo exemplo

O líder apaixonado é alguém que, em cada momento, se responsabiliza pelas suas ações. É um líder comprometido com as suas pessoas, equipas, com a sua empresa.

Mas uma cultura assente numa liderança pelo exemplo é muito mais do que isso. É utilizar os próprios exemplos para inspirar as equipas e as pessoas se inspirarem entre si, uns com os outros. É refletir sobre o impacto dos comportamentos e das atitudes de todos e de cada um, a começar, naturalmente, pelas lideranças, e agir em conformidade com o bom exemplo trazido por estes.

Um bom acompanhamento e monitorização da equipa na execução das suas atividades no dia-a-dia, procurando saber sempre o que se passa e intervindo na medida no necessário, em termos de controlar quaisquer comportamentos desviantes, é outra das atribuições do líder exemplar.

De qualquer forma, a questão fundamental referente à cultura de exemplo tem a ver com ser-se uma referência na partilha do conhecimento chave sobre o negócio. Estimular, fomentar e gerir momentos formais e informais de partilha de conhecimento crítico referente ao conhecimento do mercado, a concorrência, bem como sobre os clientes.

Nesta sequência, uma forte cultura de exemplo pressupõe a promoção de consensos e compromissos entre os vários elementos das equipas de trabalho, sendo que cada pessoa deverá ter uma noção realista do seu papel (exemplar) na organização e a sua função de influenciadores de um clima de confiança e cordialidade, agindo sempre de acordo com esta responsabilidade partilhada por todos.

Do lado das lideranças cabe a missão de partilhar o conhecimento de nível avançado com as suas pessoas, bem como a experiência acumulada, sendo certo que, naturalmente, enquanto chefias têm acesso a um universo de experiências e de conhecimento mais abrangente que os restantes membros da equipa, e por isso deverão partilhar sempre que oportuno.

Para a criação e manutenção desta cultura de liderança pelo exemplo, são necessárias as seguintes **competências, que deverão ser trabalhadas e desenvolvidas** por parte das nossas pessoas:

Responsabilidade: deverá assumir a responsabilidade pelas ações e decisões a tomar e já tomadas.

Comprometimento: enquanto líder ou liderado, deverá ser/estar comprometido com a sua equipa e com as restantes equipas da organização, bem como com os compromissos assumidos junto dos clientes.

Ser exemplar: procurar evidenciar-se como membro das equipas respeitado pelos restantes colegas, clientes e concorrentes, pelos adequados comportamentos que manifesta.

Entusiasmo e envolvimento: procura encarar o trabalho de forma entusiástica e manifesta, em tudo o que faz, um claro envolvimento com a empresa e com o negócio. Inspira os colegas a superarem-se.

Responsabilidade: deve responsabilizar-se pelas ações e pelos resultados, sejam estes mais ou menos positivos, cooperando para a sua superação. Através do seu exemplo promove o sentimento de orgulho no seio da equipa.

Comunicação inter áreas: procura fomentar e reforçar uma boa comunicação inter áreas para colher sinergias e melhorar a relação entre as equipas, com vista à obtenção de melhores e mais sustentados resultados.

Ainda, no caso dos líderes mobilizadores e apaixonados, no que toca à questão do ser exemplar, torna-se importante que, em todos os casos, se solidarizem sempre com o desempenho da equipa, não deixando de manifestar a sua exigência pelos padrões comportamentais mais elevados e pelos níveis de concretização (resultados) perseguidos.

O papel dos líderes enquanto pedagogos também é, neste particular, um aspeto essencial, dada a sua intervenção direta sempre que se verificam oportunidades de melhoria que importa introduzir.

Por último, enquanto líderes preocupados com a passagem de mensagens positivas, perante vários interlocutores externos às equipas, estes deverão mostrar que as suas equipas estão coesas e que a tomada de decisão é, em todos os casos, solidária.

4.º passo
Promova uma cultura de assertividade positiva e de *feedback* permanentes

Utilize, em todas as situações, uma comunicação franca, aberta e assertiva, recorrendo à comunicação positiva como ferramenta chave e oportuna, para garantir o necessário envolvimento das suas pessoas em relação à equipa, à empresa, aos valores, bem como aos desafios e objetivos negociados e comunicados.

Para mobilizar as pessoas e as equipas à ação e com foco nos negócios, os líderes deverão preocupar-se em gerar uma comunicação permanente oportuna, nos vários sentidos, escutando os vários membros das equipas de forma individualizada, reforçando a gestão do *engagement* na equipa.

Nesta cultura de assertividade e de *feedback*, algumas reflexões devem ser passadas pelas lideranças às suas pessoas de forma que todos, sem exceção, promovam um clima favorável à comunicação aberta e saudável, que responda aos seguintes desafios:

— Escolher sempre os momentos e os locais mais oportunos e adequados para dar e receber *feedback* às restantes pessoas;
— Recolher de forma objetiva a informação «limpa» e pertinente para dar o *feedback* no momento certo e com o alcance adequado;
— Fazer sempre críticas positivas (elogios), mas também reforçar os pontos de melhoria de cada um;
— Demonstrar com efetivas evidências que existe disponibilidade de todos os elementos para ouvir e que existe esse treino de capacidade de escutar e emitir *feedback*;

— Envolver e sentir-se envolvido, em equipa, para a resolução conjunta dos desafios e a superação dos resultados.

Neste âmbito, as clássicas sugestões de elogiar os bons desempenhos e realizações em público, quando necessário, e, em privado, fornecer o *feedback* mais negativo e sempre na altura mais adequada, é sempre uma proposta válida e eficaz.

Introduzir um culto ao elogio, até à exaustão (obviamente, sempre de forma merecida), poderá causar um fator de motivação acrescida para as pessoas envolvidas, sempre que esses elogios estejam baseados em exemplos situacionais e que possam ser replicados e seguidos por outras pessoas membros da equipa.

Da mesma forma, o fornecimento e partilha de *feedbacks* tendo em atenção a sua forma devem obedecer aos critérios de objetividade e suportados em factos concretos, nunca em perceções e/ou opiniões de outros externos à equipa.

A forte disponibilidade para ouvir, inclusive fora das ditas horas normais de trabalho e fora dos contextos físicos de ambiente de trabalho, passa e reforça uma ideia de que vale a pena em todos os casos melhorar e desenvolver os relacionamentos entre as pessoas. E, como anteriormente foi descrito, a gestão do negócio é cada vez mais uma gestão de relacionamentos entre pessoas.

Por último, a procura da participação das pessoas da equipa quando surgem novos desafios ou situações imprevistas, explorando ao máximo o efeito aprendizagem e os momentos pedagógicos associados, quer ao nível da natureza do negócio quer ao nível dos comportamentos associados, produz uma extraordinária eficácia na ligação pessoas a negócios e com direto impacto nos resultados.

Para a criação e manutenção desta cultura de assertividade positiva e de *feedback* permanentes, várias são as **competências que deverão ser trabalhadas e desenvolvidas** por parte das nossas pessoas:

Comunicação oral e escrita: para transmitir com clareza e simplicidade os pensamentos, sentimentos e ideias.

Comunicação de improviso com impacto: para, em qualquer situação de improviso, visibilidade ou adversidade, ajustar a comunicação às características da audiência e ao contexto em causa.

Coerência na comunicação verbal e não-verbal: para usar a comunicação verbal e não-verbal, mantendo o contacto visual com os vários interlocutores e sincronizando a linguagem com o perfil dos mesmos.

Capacidade de escuta: manifestar capacidade de escuta dos outros e mobilizá-los para a ação.

Persuasão e influência: ter a capacidade de influenciar e persuadir os outros. Mas também ter a capacidade de discordar, quando necessário, mas de forma construtiva e sem negar os direitos e a razão do seus interlocutores.

Orientação para a ação: para fechar debates e conversas poderosas com acordos firmados e combinados totalmente orientados para a ação e o fazer acontecer.

Postura positiva: ter uma postura positiva em relação à melhoria dos desempenhos de toda a equipa, do próprio e dos outros, passando sempre uma imagem de agregação positiva de valores compartilhados.

5.º passo
Promova uma cultura de equipa de sucesso

Uma cultura voltada ao sucesso das equipas e às equipas de sucesso é uma cultura que clarifica e alinha, sem preconceitos, as expectativas e coloca os desafios bem altos. De igual forma, esta cultura tão sólida valoriza as diferenças entre as várias pessoas, assim como as complementaridades existentes, sendo fortemente marcada e conhecida interna e externamente por reconhecer publicamente os sucessos.

As equipas de sucesso são caracterizadas pelo forte estímulo para se vencerem obstáculos e conquistarem resultados sempre de nível mais elevado e sustentado. Estimular as pessoas a gostarem de assumir desafios realísticos mas desafiadores, ao mesmo tempo que se desafiam entre si, persuadindo, para, em conjunto, se ultrapassarem obstáculos cujo alcance pode ser partilhado e divulgado em contextos de motivação individual e coletiva, mobilização e inspiração, é um dos princípios basilares desta cultura de estimulação de equipas de sucesso.

Por outro lado, esta forte cultura implica que haja uma permanente atenção aos contributos individuais e da própria equipa, que haja um nível elevado de conhecimento das várias valências dos diversos membros da equipa, bem como graus de maturidade pessoal, profissional e organizacional que estimulem e permitam uma ampla partilha de informação sem medos ou receios de avaliação.

Os níveis de maturidade organizacional pressupõem, de facto, que as pessoas sejam ousadas nas ideias e arrojadas nos desafios que se auto e hetero propõem, dado que todos sem exceção estão disponíveis e alinhados a gerar, assumir e concretizar compromissos em equipa. Características como a coragem (necessária para defender as novas ideias) são essenciais e devem ser cultivadas e exploradas ao máximo com o gosto de lançar desafios de melhoria aos colegas e aos próprios líderes. Estas equipas gerem-se sempre de dentro para dentro e com fortíssimo alinhamento cultural e transformacional.

Por último, uma cultura vocacionada para promover equipas de sucesso requer que todos os elementos aceitem e estimulem uma diversidade cognitiva materializada através de uma excelente abertura a diferentes pontos de vista. Esta fomenta uma permanente salutar discussão de novas e diversas ideias e sugestões, sendo que mais importante do que quem teve a ideia ganhadora é o papel de cada um em a implementar, executar e medir em termos dos resultados do negócio.

Para a criação e manutenção desta cultura de equipa de sucesso, várias são as **competências que deverão ser trabalhadas e desenvolvidas** por parte das nossas pessoas:

Desafiar e desafiar-se: clarificar expectativas e colocar desafios a si próprio e aos outros.Valorizar as complementaridade, assumindo as diferenças, bem como reconhecer publicamente os êxitos.

Ser adaptativo: ser capaz de adaptar o seu estilo e modo de agir às expectativas e necessidades dos diferentes colegas de equipa, escutando-os e partilhando desafios ambiciosos mas realistas.

Ser promotor de diversidade: entende a heterogeneidade de uma equipa como uma mais-valia, tirando partido das múltiplas facetas e diversidades entre as várias pessoas.Ajuda a dar coerência aos diversos enfoques da equipa e potencia a sua complementaridade no resultado.

Ser mobilizador: transmite motivação e entusiasmo, assinalando cada conquista de sucesso e ajudando a sua equipa a manter e aperfeiçoar a coesão, bem como o comprometimento com os desafios estratégicos da empresa. Toma iniciativas de mobilização de si próprio e dos outros com vista à concretização de resultados.

Promova uma liderança (mobilizadora) estratégica

Se é um líder mobilizador, então está na hora de passar a paixão para os seus. Estimule a partilha de uma VISÃO de futuro para a organização, utilizando todas as oportunidades que estão ao dispor. Seja capaz, e pratique mesmo, uma versão MOBILIZADORA da sua ação enquanto líder da equipa. Esteja sempre atendo aos resultados que vão sendo obtidos, valorizando-os e influenciando a imagem da equipa/empresa no exterior da mesma.

Utilize o conhecimento disponível na equipa para a mobilização e o aumento de produtividade. Para isso, deverá aplicar o seu saber e experiência acumulados ao serviço da equipa no sentido de criteriosamente promover novos processos e novas metodologias numa perspetiva de melhoria contínua.

Envolva a equipa no caminho certo e nos resultados a atingir! Posicione os contextos da sua equipa como elo importante da cadeia de valor da empresa, mantendo sempre a equipa devidamente alinhada e atualizada em matérias pertinentes, nomeadamente sobre os contornos do negócio.

De igual forma, deverá procurar agir por antecipação com o objetivo claro de responder aos desafios da estratégia da empresa. Antecipar tendências na indústria onde atua a sua organização e que possam afetar a cadeia de valor, bem como propor pertinentes alterações ou melhorias.

Em todos os casos, e sempre, partilhar com as suas equipas as metas e a estratégia (global) da empresa, assegurando que toda a equipa conheça perfeitamente os objetivos a atingir e que participe ativamente nas atividades conducentes ao atingimento dos mesmos.

No fundo, o seu papel enquanto líder mobilizador apaixonado é partilhar uma visão de futuro, um propósito, usando todas as oportunidades. Mobilizar o desempenho das suas pessoas a favor da estratégia do negócio e maximizar os resultados.

Bem, só me falta dizer que o líder apaixonado é um líder inspirador, mobilizador e exemplar, que procura traduzir eventuais insucessos em fortes aprendizagens, problemas em desafios, sonhos em resultados mensuráveis e que, afinal, faz sempre as coisas de forma simples, tal como quando estamos apaixonados.

9

As missões da gestão de pessoas em contexto de mudança

Missões (im)possíveis?

[Os gestores de pessoas, a mudança e transformação: missionários ou gestores?]

Mudança e gestão de pessoas para a mudança

Tivemos oportunidade de, ao longo de toda esta obra, caracterizar de várias formas os atuais e futuros contextos organizacionais que são (e serão ainda mais no futuro!) especialmente marcados por CONTEXTOS DE MUDANÇA e incerteza! Os mercados, a concorrência, as condições políticas e sociais vêm colocar as pessoas (para o melhor ou para o pior) no coração da nova dialética Pessoas & Negócios.

MUDAR é bom. Mudar é agora obrigatório! As mudanças é que podem ser BOAS ou más mudanças, em função dos resultados obtidos e dos desafios que forem sendo superados.

As pessoas estão, de facto, no coração da mudança!

Problemas? NÃO! DESAFIOS e oportunidades.

Esta bem podia ser a marca distintiva da atitude que é necessário introduzir, desenvolver e «acarinhar» nas nossas empresas. As velhas expressões ligadas às lógicas orientadas para o «copo meio cheio ou para o copo meio vazio» nunca fizeram tanto sentido! A atitude faz definitivamente TODA a diferença! Atitude positiva, resiliência, orientação para a solução e para a superação estão agora no topo das características básicas para QUEM GERE e para quem é gerido nas organizações.

GERIR PESSOAS é (agora!) uma missão quase (IM)POSSÍVEL, dependente da atitude, da estruturação, da capacidade de integração e da forma como cada gestor de pessoas consegue transformar insucessos em oportunidades de APRENDIZAGEM.

Obviamente, a própria função gestão de pessoas (ou gestão de recursos humanos, como dizíamos no passado) apresenta agora uma série de mudanças e consequentes transformações, desde logo, ao nível daquelas que passarão a ser as suas novas missões no quadro das empresas e organizações.

Importa, assim, e por último, dar uma volta pelas (novas) missões da gestão pessoas nestes contextos de mudança e incerteza.

Missão 1 — Desenvolver e reconhecer

Este é o momento para se assumir uma nova dimensão de gestão das pessoas nas nossas empresas! Uma gestão INTEGRADA das pessoas nas organizações. Trata-se de gerir, com as próprias pessoas, os negócios, envolvendo as nossas pessoas nos (re)desenhos dos próprios negócios.

Avaliar os desempenhos das suas pessoas? Não! GERIR OS (seus) DESEMPENHOS!

Acompanhar os progressos, antecipar os *gaps*, construir percursos individualizados de aprendizagem e desenvolvimento devidamente negociados e estruturados.

Já ouviu falar em potenciais? Uma gestão do potencial é uma gestão das pessoas no futuro a partir do seu presente. Este é o modelo adequado e esta é uma das novas missões de excelência dos gestores de pessoas.

A gestão das competências e a gestão dos TALENTOS nas organizações são vitais. Sim, ainda faz todo o sentido em falar de gestão de e por competências nas nossas empresas. Das competências críticas e complementarmente alinhadas com o negócio.

Reconhecer é focar no MÉRITO! Viva a meritocracia! Há quanto tempo não reconhece um elemento da sua equipa?

Os RECONHECIMENTOS internos e externos são essenciais e criam ambientes psicológicos ricos, positivos e desafiadores.

Missão 2 — Comunicar e influenciar

A COMUNICAÇÃO como braço armado da gestão das pessoas é o vetor primordial desta nova missão: comunicar para influenciar, MOBILIZAR e conduzir as pessoas à ação. A comunicação interna é também uma fonte de coesão das pessoas e das equipas, pois desconstrói a desinformação tão comum nos processos de mudança.

A comunicação e o marketing interno são parceiros poderosos. Já todos ouvimos falar de *employer branding*! Pois é, atrair e manter atraídos os seus melhores colaboradores faz parte desta missão.

Comunicar para… INFLUENCIAR! Se não comunicar, outros fá-lo-ão por si. Nunca se esqueça! E isso quase nunca é bom.

Os «novos» gestores de pessoas são comunicadores de excelência! Influenciadores e altamente mobilizadores. Esta é mesmo uma das suas novas missões mais nobres.

Os processos e os instrumentos (privilegiados) de comunicação: falo claro? Ou: claro que falo! Sim, opte sempre pelo «Claro que falo claro!». Trocadilho? Não, pura verdade!

COMUNICAR sempre! MUITO! E de todas as formas. Vai uma aposta de que vai resultar?

Missão 3 — Acreditar e comprometer

A liderança pelo exemplo! É mesmo importante os líderes utilizarem o seu exemplo para inspirar a equipa. E os gestores de pessoas (em versão renovada) precisam de tomar a dianteira neste processo de ligar a estratégia dos negócios às pessoas e, por sua vez, em sentido oposto, levar as pessoas a acreditarem e a comprometerem-se com os resultados.

ACREDITAR (sempre?) que é possível. Ser uma referência, enquanto líderes transformadores, é determinante na obtenção de consensos e compromissos com os outros.

O papel da EQUIPA: o papel de TODOS e de cada um. Experiências vividas, experiências partilhadas são sempre focos de energia positiva. A experiência pode ser um guião privilegiado na construção de uma agenda de compromissos em equipa.

E que dizer do papel do gestor de pessoas nas dinâmicas das equipas em contextos de mudança e transformação? EQUIPAS vs. grupos... Grupos há muitos... Equipas podem ser poderosos meios de atingir resultados.

As PESSOAS são o MELHOR (ou o pior?) das empresas? Cabe aos gestores de pessoas amplificarem o MELHOR do potencial das suas pessoas, minimizando as suas fraquezas e fragilidades. Sempre o melhor!

E quando referimos *engagement*, falamos de quê? Comprometer ou COMPROMETER-SE? Ambos!

Esta é, definitivamente, uma das mais poderosas missões dos gestores de pessoas.

Missão 4 — Envolver e emocionar

O papel das EMOÇÕES nas empresas e nas equipas é fortíssimo. Bem-vindas, emoções.

A EMOÇÃO vs. a razão! O novo gestor de pessoas é capaz de articular e complementar a gestão racional com uma nova gestão emocional dos processos, das pessoas e das equipas.

Às voltas com a Inteligência Emocional... Uma correta gestão e desenvolvimento de competências emocionais são cada vez mais necessários ao gestor de pessoas nos contextos de mudança e transformação organizacional.

As ATITUDES POSITIVAS, orientadas para o sucesso, para o desenvolvimento do negócio com as pessoas e na procura constante de novas soluções para velhos e novos problemas.

A felicidade nas organizações: vamos construir um Departamento de Felicidade? O novo gestor de pessoas também é um Happiness Business Partner (HBP) e esta é uma das suas novas missões.

Missão 5 — Valorizar e estimular

Valorizar os MELHORES entre os melhores é um dos princípios basilares. Gerir pessoas é, cada vez mais, saber discriminar positivamente comportamentos, valores, atitudes e (sobretudo) resultados.

Atitudes ganhadoras e desempenhos de excelência procuram-se! Sempre.

Como fazer? Definir e negociar objetivos desafiadores. Encontrar e permanentemente negociar, e mobilizar para o atingimento de objetivos organizacionais (de negócio), de equipa e individuais. Esta ação permanente faz parte desta sua missão enquanto gestor de pessoas.

E depois... há que comemorar APENAS os sucessos! O gestor de pessoas não permite elevadas valorizações de insucessos individuais e da equipa. Valoriza a experiência, comemora os sucessos, aprende e faz aprender com os insucessos. Ponto!

E é necessário ajustar a política remuneratória? Vale a pena ou é possível no atual contexto? Como?! O (novo) gestor de pessoas é capaz de definir e propor «salários emocionais» ajustados a cada um e a todos.

Missão 6 — Organizar e orientar

Trata-se de colocar os processos de formação e desenvolvimento em ação. Os gestores de pessoas preocupam-se verdadeiramente com os desenvolvimentos, os crescimentos e as aprendizagens de todos os membros das suas equipas.

Planos de formação? Ou propostas de desenvolvimento individual? Propostas de desenvolvimento ajustadas às reais necessidades das suas pessoas é a resposta mais adequada e que está completamente alinhada com esta nova missão dos gestores de pessoas nas empresas.

E os planos de desenvolvimento ORGANIZACIONAL, onde ficam? Ficam no topo das preocupações do gestor de pessoas!

E a gestão de projetos organizacionais, onde fica? Que projetos?

Organizamos PESSOAS, equipas, processos... E há tempo? Gestão do tempo e gestão de projetos, sem nunca descurar novas competências em *HR analytics*, fazem parte deste novo perfil do gestor de pessoas em organizações em mudança.

Missão 7 — Apaixonar e energizar

A PAIXÃO e o talento nas empresas são cada vez mais objeto de estudo, sobretudo ao nível da relação destas com o atingimento dos resultados organizacionais. E a relação é cada vez mais direta!

Eu, APAIXONADO, vejo tudo lindo e MELHOR! Empresas e EQUIPAS sempre POSITIVAS produzem melhores resultados!

O líder de pessoas, que gosta de pessoas, deve ser uma fonte de energia positiva! Energizadores internos procuram-se em todos os níveis da organização! O foco é sempre o sucesso!

Energia positiva passada para as pessoas e para as equipas praticamente faz milagres na hora de desafiar, comprometer, motivar e mobilizar!

Pratique muito... Use e abuse desta nova faceta e que corresponde a uma grande nova missão dos gestores de pessoas!

Missão 8 — Mobilizar e mobilizar muito

A LIDERANÇA MOBILIZADORA. O gestor de pessoas tem de ser um líder mobilizador. Esta é uma das mais nobres missões do seu novo posicionamento nas empresas que procuram, com e através das pessoas, obter melhores resultados.

Eu, líder, motivo alguém? O papel da automotivação: como referi anteriormente, acredito cada vez menos na possibilidade de se motivar alguém diretamente, a menos que os próprios se deixem automotivar.

Motivar vs. mobilizar

Mobilização interna e mobilização externa são duas faces da mesma moeda e duas atuações que, de forma integrada, produzirão um foco nas pessoas (nos clientes, que também são pessoas!) e um estreito alinhamento nos resultados através de relacionamentos de excelência e altamente mobilizadores.

Mobilizar é apontar o caminho a seguir. Isto não será, antes, evangelizar? Será que o novo gestor de pessoas é uma espécie de evangelizador interno?

A verdade é que cada vez há menos tempo para atingir resultados e a capacidade de mobilização interna faz toda a diferença.

Todas estas novas missões do gestor de pessoas são MISSÕES POSSÍVEIS ou (uma grande) MISSÃO IMPOSSÍVEL?

E o novo gestor de pessoas é (mesmo) um missionário? Ou um gestor? Ou será antes um gestor de missões?

Missionários ou AGENTES DE MUDANÇA? Agentes de mudança, sim! Transformadores e energizadores internos, próximos (cada vez mais) da estratégia da empresa e das dinâmicas do negócio.

Estas MISSÕES (quase possíveis) são voluntárias ou obrigatórias?

São todas possíveis, nem sempre fáceis, nem sempre de concretização imediata. Coragem, envolvimento, reconstrução... são exigidos.

E isto resulta? MUDAR… ou ser mudado? Vamos lá falar claro… Resulta e é obrigatório, pois já não há lugar para gestores de pessoas que não potenciem mudanças e transformações, que não reconstruam os processos de negócios com as pessoas…

E se não mudar… é mudado! É assim.

10

Mesmo a fechar

Porque é de liderança de que estivemos a falar...

Vem aí um mito urbano.

[Da coleção dos mitos urbanos sobre liderança]

O mito do líder de «porta aberta»

Todos nós conhecemos gestores e líderes que se autointitulam «líderes de porta aberta», numa clara alusão à (alegada) facilidade com que os colaboradores das suas empresas podem aceder ou falar com eles. Mas isto é sempre exatamente assim?

Ora, com esta lógica de «porta aberta», o que se pretende é acabar com as «barreiras» no acesso ao líder no sentido de facilitar a comunicação *top-down* e *bottom-up*, e nos vários sentidos, por forma a promover uma relação profissional assente na confiança e na liberdade de expressão e de abertura.

Todavia, muitas vezes, esta lógica de «porta aberta» não passa de um mito urbano! Sim, daquelas verdades (nada absolutas) que, não sendo exatamente inverdades (como agora se designam as «mentiras»), também não se consegue provar a sua realística existência.

Vamos fazer um teste?

Aqui para nós: sabe quais são os GRANDES contributos para que perdure este mito do «gestor de porta aberta»?

(1) Será que a porta do líder está sempre aberta, mas as suas pessoas quase nunca se sentem à vontade para entrar? É que alguns destes «líderes de porta aberta» não conseguem perceber que os seus colaboradores têm receio de que o líder não considere suficientemente importante o assunto que o leve a entrar pela porta dentro... Os líderes definiram exatamente o âmbito da «porta aberta»? É para todos os assuntos? (Neste caso, o líder vai morrer rapidamente de «enxurrada temática» ou lá o que seja.) Ou, pelo menos, é claro o que é urgente? Ou o que é importante? Ou apenas recebe os colaboradores mais atrevidos ou com maior coragem de transpor a barreira psicológica da porta aberta que, afinal, pode não estar assim tão aberta?

(2) Será que a «porta aberta» até existe realmente, mas não foi definida a cadeia hierárquica de comando? Ou seja, o «gestor de porta aberta» afinal não é mais do que um facilitador de entropia no processo de comunicação e organização internas? Estamos a falar de um líder que supostamente quer saber tudo, conhecer tudo e (aqui para nós) causar curto-circuitos internos no que respeita à coordenação e supervisão nos mais diversos níveis da organização... será?

(3) Será que o líder de «porta aberta», apesar de ser visível do lado de fora da sala, envia sinais não-verbais de que verdadeiramente está «fechado» para qualquer tentativa de contacto? Sim, é muito comum estes «líderes de porta aberta» enviarem sinais não-verbais de que é «melhor não serem incomodados», apesar da porta aberta, a não ser que um colaborador mais afoito arrisque ser verdadeiramente criticado com um «não vê que agora não posso ser incomodado? Estou a fazer uma coisa muito importante». Então porque tem a porta aberta? Não é melhor assumidamente fechá-la e abrir apenas quando houver verdadeira disponibilidade física e mental?

(4) Será que a «porta está aberta», mas não vale mesmo a pena entrar? Será que até temos um líder que pretende demonstrar que está muito interessado em falar com os seus colaboradores, em que estes o contactem por tudo e por nada, mas... que verdadeiramente são conhecidos por os «não

resolve», «não decide nada», «não despacha»... e até funciona um bocadinho ao contrário? Ou seja, em vez de um problema para resolver, o colaborador sai de lá com vários para ultrapassar e sem qualquer orientação prática?

Pois é, esta gestão ou liderança de «porta aberta» nem sempre tem o efeito verbalizado e pretendido.

Às vezes mais vale uma porta que abre e fecha (no fundo, o verdadeiro motivo da existência da dita porta) nos momentos certos, do que a manutenção e amplificação de uma IDEIA que não é mais do que mais um MITO URBANO!